U0017553

莎士比亞不做的事

Things Shakespeare

never did

何一梵 著

Things Shakespeare never did

Contents

推薦序

從「不做」看莎翁創作及莎劇特色／胡耀恆 ⋯⋯⋯⋯⋯⋯⋯⋯ 5

在莎士比亞中照見自己／鍾明德 ⋯⋯⋯⋯⋯⋯⋯⋯⋯⋯⋯⋯ 6

對生命的某種擇善固執／何應豐 ⋯⋯⋯⋯⋯⋯⋯⋯⋯⋯⋯ 10

一場文學與歷史的「實」「幻」對話／李若庸 ⋯⋯⋯⋯⋯ 14

莎粉要做的事／馮翊綱 ⋯⋯⋯⋯⋯⋯⋯⋯⋯⋯⋯⋯⋯⋯⋯ 17

自序

一個充滿莎士比亞靈光的世界 ⋯⋯⋯⋯⋯⋯⋯⋯⋯⋯⋯⋯⋯ 21

01 莎士比亞不要演員演戲 29

02 莎士比亞不高調 45

03 莎士比亞不搞笑了！ 69

04 莎士比亞不寫城市喜劇 93

05 莎士比亞不給答案 119

06 莎士比亞不寫宮廷假面舞劇 153

07 莎士比亞不為讀者寫劇本 179

08 莎士比亞不當倫敦人 207

附錄

莎士比亞生平與大事記 236

莎士比亞作品年表 240

推薦讀物 242

誌謝 246

從「不做」看莎翁創作及莎劇特色

胡耀恆 國立臺灣大學外文及戲劇學系名譽教授

　　在古往今來的世界作家中，莎士比亞的名望首屈一指，介紹剖析的論著層出不窮，以致罕見新意。何一梵博士在《莎士比亞不做的事》裡，從不要、不給及不寫等八個觀點探討，反而能讓我們看到莎翁的創作生涯及莎劇的特色。

　　何博士在序文中提到，莎翁創作的時代，與台灣約莫二十年前相似：政治解嚴，各種新思潮風起雲湧。載荷時代脈絡的莎劇，也因此和我們的經驗非常接近，極易引起共鳴。

在莎士比亞中照見自己

鍾明德 國立臺北藝術大學戲劇學系教授

我不是莎士比亞的粉絲，也不太能相信他是所有的時代、所有人的莎士比亞。但是，我很快樂地把何一梵的這本小書《莎士比亞不做的事》一口氣讀完了。關於莎士比亞的書，我們都知道，像天上的星星一樣多。打著莎士比亞招牌的演出，中外皆然，狂風暴雨一般地輪番掃過觀眾不毛的心靈之地。然而，《莎士比亞不做的事》依然值得台灣讀者青睞：幾乎不可能的事——它拉近了莎士比亞跟我們的距離。

從台灣劇場的世系來說，一梵屬於台灣小劇場運動（1980-89）晚期的那一代。雖然我不記得他曾經隸屬過哪一個「實驗劇場」或「前衛劇場」，但是，他很認真又蠻疏離地出現在小劇場的許多現場。

那是1987年吧，一梵正在念台大中文系，每個星期他都會出現在我的現代劇場課堂上。那時候的國立藝術學院僻處蘆洲，一梵跟母親和妹妹住在新店，因此他必須公車輾轉到蘆洲來旁聽關於亞陶、布萊希特、葛羅托斯基、謝喜納等等二十世紀劇場拓荒者的討論。我不只問過一次：你為什麼要來旁聽啊？這些現代劇場大師幾乎都是「經典可以休矣」的同路人，亦即，他們都主張我們的劇場不必再以莎士比亞馬首是瞻——這種劇場觀離外文系很遠，我心裡想，離中文系更遠吧？

一梵後來念了台大的戲劇碩士（論文是關於亞陶的殘酷劇場）、美國邁阿密大學的戲劇碩士，以及英國威爾斯大學的戲劇博士（論文跟易卜生和現代性有關），等到學成歸國，真正踏入大學講堂已經年過四十了——我記得調侃過他不只一次：我們都屬大器晚成型的啊？為念書而念書，我們好不流俗呢！

我們亦師亦友的學術情誼從來不曾很親密過，但是，也似乎沒有疏遠過，即便是近幾年來，我們有機會坐下來聊天時，他話題總是會——剛開始——

有點彆扭地轉到莎士比亞和他的時代。我好像又問了不只一次：你怎麼愛上莎士比亞的（潛台詞：移情別戀）啊？

《莎士比亞不做的事》很容易讀，讀完還會想要再讀，因此，我連續讀了兩次。第一次讀，被一梵筆下的莎士比亞這個鄉巴佬迷住了——他就像從屏東北上在電視台八點檔謀得一口飯吃的熱門編劇一樣（我腦中浮現的是不怎麼貼切的「吳念真」；一梵的父親早逝，也是名編劇）。在一梵的想像中，莎士比亞相當幸運：他不捲入政壇惡鬥，不給觀眾簡單舒服的答案，不媚俗，不趕流行，不為搞笑而搞笑，不急功近利，但是，田都元帥賞他飯吃，整個劇本寫作事業一帆風順，在家鄉買田、買房，還買了家徽當起了仕紳。

總之，一梵在自序中總結：莎士比亞是有「氛圍」（aura，常常譯為「靈光」，不喜歡新潮術語的，直接讀成「靈魂」就對了）的，而這種「氛圍」、「靈光」或「靈魂」，卻是我們這個手機網路時代瀕臨絕種卻不受任何國家保護的稀有物種呢。

讀第二遍時，有很多時間我都在讀「何一梵」這個多年前無端闖入我課堂上的那個年輕人。莎士比亞說：劇場就是映照出萬物本性的鏡子。原來如此：一梵在莎士比亞中照見了自己，折射出我們過去三十多年的風風雨雨，好男好女，而我們也就在他的「好好說話」中，被捲進了一個靈光乍現的當下。

　　這是近年來難得一見的有「靈光」的好書，很好讀，我誠摯地推薦給每一個熱愛或熱愛過劇場的人。

對生命的某種擇善固執

何應豐 香港舞台劇創作人

我經常懷疑：自己可還有堅持一些「不做的事」？

記得中學時代，對莎士比亞這名字特別抗拒，讀他的著作，是我「不做的事」！也許，那時正是我的青少年反叛期，對任何老師推薦的「名牌讀物」，會無知地做出不假思索的排斥。

到了在美國侯斯頓大學念戲劇的年頭，後知後覺的我，才懂得反問：「從沒切實認識過莎士比亞是何許人，或做過什麼事，我憑什麼不喜歡他呢？」

那年，重看義大利導演法蘭高．齊費里尼（Franco Zeffirelli）於1968年拍攝的電影《羅密歐與茱麗葉》（*Romeo and Juliet*），記起少年時代口裡常哼上的主題曲「What is a youth?」（什麼是青春？），竟讓我打開了生平第一部莎士比亞的劇

本！讀後，不但覺得它比電影好看多了，更興起閱讀他所有著作的野心。每看完一部作品，內心的滿足難以言全！

於我，閱讀猶如一種尋找作者身影的行動，於字裡行間，深耕當中的留白地帶，給周邊世界延伸想像……

閱讀莎士比亞的戲文，猶如被邀請觀摩一群活在不尋常年代的人物，透過其言行物語間未道盡的種種，借鑑觀照當下的自身……

閱讀何一梵的《莎士比亞不做的事》，讓我回到大學時期一堂十分喜愛的劇場歷史課，當安東尼‧柯林斯教授（Professor Anthony R. Collins）談到英國伊莉莎白女皇年代的戲劇面貌，其語調和神緒，猶如他口中提及昔日舞台劇名演員李察‧柏貝芝（Richard Burbage）在環球劇院（The Globe）上演出般精彩。

何一梵的書寫，直接要吸引一群「聽眾」（audience），像昔日說書人，給讀者一邊「講古」，一邊借莎士比亞引發思考：在這個年代，可有像四百多年前，依然有著理應「不做的事」？

活在資訊泛濫的今天，回想自己三十多年來的舞台創作生涯，我油然自問：

可如何面對此間那些只管賣弄或推銷「特殊技術」的演員？

可怎樣從眾聲喧譁中聆聽自己內心的聲音？

可如何跨越「廉價俗氣」的圍剿，不忘創作的初衷？

可怎樣不被傳播媒體壟斷了思索，保持獨立的思考？

可如何理解和接受人生的不確定性，學懂謙卑的意義？

可怎樣面向虛飾的時勢，提出徹底的叩問？

可如何重拾「好好說話」的藝術？

可怎樣真實地回到自身（家）的勇氣？

何一梵眼下的莎士比亞，並不是時下流行的「創意產業符號」，他是一個低調而處處切實面對身處年代的人。莎士比亞，藉著詩詞，成就舞台上的「戲劇行動」，貼切地回應一切隨時代逆轉的光怪陸離。他的故事，可牽引出的文化想像，立體而真實，猶如回歸到一個既可謙卑自處、亦可創作無限

的文化空間！

假如莎士比亞今日仍在世，他會否依然「不做」如何一梵提出的「事」？相信作者正要邀請你和我，做為身處這消費年代的讀者（或文化「聽眾」），認真地重新借故事建築思辨，各自一起延伸創造一個「真實的我」……

假如「不做」，不是為逃避錯誤，而是一種對生命某種擇善固執的話，莎士比亞活過的世界，其實和你我很近！

一場文學與歷史的「實」「幻」對話

李若庸　國立臺北大學歷史學系副教授

　　與一梵老師認識是很偶然的機緣。當時我應邀到台師大歷史系進行一場歐洲宗教改革的演講，講演結束後的Q&A時間，一位看起來「很專業」、「不太像學生」的先生舉手提出問題。我只記得當時心裡面的第一個反應是：厲害的來了。我已經忘記當初那個提問的內容，但猶記得對自己的答案不甚滿意，果然人之所知非常有限。這便是我與一梵老師的「初次見面」。

　　與一梵老師結識的時間雖然不長，卻頗有共鳴之感。他談到身處劇場實務與文學理論間的侷促，這讓我想起自己初從文學領域跨足歷史學界所經歷過的惶惑。跨領域的期待是不同取徑間的融合與對話，但經常淪落的景況是「失去落足點」的尷尬。

　　接到一梵老師的邀請，要我為他的新書撰寫推薦

序時，我一度懷疑：我是適合的人選嗎？雖然曾為莎士比亞相當著迷，但學界較我「有資格」的莎士比亞專家比比皆是。然而，在翻開編輯寄來的文稿後，我恍然大悟，這本書根本就是莎士比亞的文學與歷史間的實幻對話！

讀過莎士比亞的人都會知道，學界有一個「莎士比亞問題」，那就是：「莎士比亞的戲劇是莎士比亞寫的嗎？」（乍聽之下，這是一個邏輯不通的荒謬問題。）又或者：「莎士比亞真的存在過嗎？」「那個『莎士比亞』是這個『莎士比亞』嗎？」（這是什麼問題呀！）最後，我們得以「安頓身心」的阿Q做法是——「作者已死」。不管莎士比亞是何方神聖，絲毫無損莎劇的藝術價值與地位！

但一梵老師不死心，他不甘心讓這位作者「就這樣死了」。他看見他在倫敦的劇場間穿梭，瞧見他在演員的夾縫裡露臉。他忍不住大聲地告訴大家：莎士比亞在這裡！他是這樣「受、想、行、識」，是這樣「悲、歡、離、合」。他面對他的時代，他體驗他的挫折。於是，莎士比亞「活了過來」。透過一梵老師那屬於文學家的想像力，我們看到了一

個活脫脫的歷史人物——莎士比亞。

　　一梵老師在邀請信中跟我說：「我寫了一本小說，叫《莎士比亞不做的事》。」我想我可以再加上兩個字：一梵老師寫了一本「歷史」小說，叫《莎士比亞不做的事》，「一半根據史料，一半根據推測」。突出的歷史作品通常具有這樣的特質：確切的歷史事實加上豐富的想像力。是誰說「詩比歷史更接近真實」（應該是亞里斯多德？），不管它是歷史，是小說，還是一本歷史小說，且讓我們隨著一梵老師的步伐，勇敢地踏進莎士比亞的世界吧！

莎粉要做的事

馮翊綱　當代劇作家，【相聲瓦舍】創辦人

　　上課的空隙，出側門買個午飯。一梵突地從巷弄中冒了出來！我說：「不在新竹待著，跑我們師大來幹嘛？」他說：「開會。」又突地一轉話題，像是在心裡堵了多時，早決定一見到我就得說：「阿綱，謝謝你上次請我看戲，也謝謝送我劇本。但是，你在書裡附載的文章寫說莎士比亞把戲都分成五幕？那是莎士比亞不做的事。」

　　我熱衷於出版劇本，這跟當年受過的刺激有關。捧著劇本，到知名大出版社求見高層，卻得到「三大毒藥」之說：報導文學、現代詩，及「毒中之毒」劇本，是絕對沒人要讀、絕對賣不出去的書。

　　三十年下來，也算不負壯志，在台灣創作劇本，加入當代極少數的作者行列，算是合力建構出一種出版類型。為了豐富書本的內容，劇本之外，還得

撰寫文章、製作圖表、貼照片、畫插圖。好比1970年代後期,「變形金剛」玩具剛問世時的宣傳概念:「一次購買,兩種樂趣」。

劇本出版的同時,附帶規劃推銷活動,專題演講、主題書展,最有成效的,是演出後的簽名會,觀眾很開心,演員很虛榮。劇作者該監督劇本印製?還是放手,交給出版商全權處置?

一梵是我的大學同學,他是台大學生,卻三天兩頭往蘆洲跑,到國立藝術學院(現在關渡,北藝大)戲劇系來聽課,在好幾個課堂裡與我同班。狂吸智慧資訊不算,還拐帶走一個可愛的學妹、現今的何夫人。我同期的戲劇系同學裡,都沒能出一個透徹莎士比亞的專家,一梵倒是下了決心、力學,成為五年級一代最好的幾位戲劇學者之一,且不時地提供意見、砥礪同學。

1964年出生的我,剛好是在莎士比亞出生後的四百年,而老莎只活到1616年,剛好是我今年的年紀?看來,是有機會多活幾年,只能勤懇創作,絕不敢懈怠。我們這些「莎粉」,無非是想在前人的身上,建立楷模,找到成功的因素。

應為智慧楷模的中央研究院卻在此時鬧出笑話。敦厚的蔡元培若是知曉,會再跌倒十次,清廉的胡適,心臟也炸碎成一萬片!可悲的名嘴、法匠、學閥,又為這個笑柄進行畫蛇添足,提出「以民主機制產生人選、任期規制」云云。諸葛亮若是我們中央研究院的院長,你會希望他的任期有期限嗎?抑或說,在目前的任期、選舉魔掌箝制下,永遠出不了諸葛亮這個等級的領袖?認為自己有權去建立規則的少數人,把全盤遊戲玩僵了。

　　所以,另有一群人,用跨越時空的方式尋找典範,超越政治、超越種族、超越藩籬,不經政治關說,不甩投票機制,直接邀請莎士比亞坐在戲劇的席位上,沒有任期!以各人自身的才能,進行擷取仿效。可惜這個世上再無人能超越,因為,莎士比亞已被層層模塑,成為無可超越的理想典範。

　　越扯越遠。關切根本、為人正直的一梵又要跳出來說:「阿綱!那些都是莎士比亞不做的事!」

一個充滿莎士比亞靈光的世界

　　我最近常問朋友與學生一個問題：「如果不考慮時間與金錢，你願意飛去埃及看金字塔嗎？」沒有意外，答案都是興致勃勃，看來大家對這個世界的好奇仍沒有消失。但我的第二個問題，則迎來猶豫與抗拒：「如果你家旁邊有塊地要蓋金字塔呢？」迄今只有一個女孩子在課堂上表示歡迎，她的理由很實際：「這樣會吸引很多觀光客，我可以擺攤賺錢！」

　　莞爾之餘，我也不禁自忖這畫面恐怕早晚會發生，因為我心繫的對象不是金字塔，而是莎士比亞（William Shakespeare），而這已經是現在進行式了：「如果對住家旁邊的金字塔會感到奇怪，那，看著許多用中文改編演出的莎士比亞，卻又為什麼不奇怪？」

　　如果我們可以先放下聰明，用誠實來抗拒虛榮，不沉溺在「追求共通人性」、「經典與當代對話」

這類「拉關係」的觀念中，那我們就不難明白一個再簡單不過的道理：莎士比亞不是自己人，他就是四百年前那位英國佬，在倫敦劇壇工作，為他的觀眾寫劇本。儘管他學問淵博，恐怕還是不知道台灣在哪裡。那麼，為什麼各式各種莎士比亞在台灣的演出，不讓我們感到奇怪？這種「不奇怪」本身，難道不是我們應該要奇怪的一件事？

拜全球化之賜，我們對這個世界似乎愈來愈熟悉了，但也是這份熟悉，讓台灣的文化，特別在都市裡，顯得過分早熟又世故；少見多怪、大驚小怪，在這裡不會是被鼓勵的美德。我們的文化什麼都有，百花齊放，但更像一大盆沙拉——裡面食物的原味都被調料的味道掩蓋，一如中文演出的莎士比亞，同樣需要導演創意來掩蓋文化與語言的隔閡。

代價是：我們的文化味覺可能因此遲鈍了，連帶地是失去對陌生文化驚訝的能力。

1936年，華特‧班雅明（Walter Benjamin）在〈機械複製時代的藝術品〉一文中，憂心地指出一個事實：大量的複製品固然讓藝術唾手可得，拉近了與我們的距離，但藝術品從被創造出來的

那一刻，在原來的時空背景下所具有的「氛圍」（aura，或譯成「靈光」），反而在複製品充斥的世界中消失了。

莎士比亞死後四百年的今天，我們也有許多把莎士比亞變自己人的努力，鼓勵我們不斷投射自己的生命經驗、感情、觀察到他的作品中。但別忘了，我們也用同樣的方式，投射在《聖經》、《論語》、《金剛經》，以及任何有能力指導人生價值的著作上。做為「自己人」的莎士比亞，因此有很多不同的面貌，但在不知不覺中，他本來的面貌也模糊了，他的靈光也萎縮在我們的文化中。

但是在我們太世故的文化裡，總有人還是想去埃及看金字塔，總有人對陌生的文化還保有一種人類學式的興趣，一種單純天真的好奇。那麼，一定還存在這樣的渴望，不是加工後的速食替代品，而是那位莎士比亞，在遠方。

的確，限於史料的缺乏，我們很難如實地還原莎士比亞本來的面貌，遑論他寫作的企圖，這導致「沒有莎士比亞」、「莎劇不是莎士比亞寫的」等等說法，加上「作者已死」之類的新興觀念推波助

瀾，不甩莎士比亞的本來面貌益發顯得理直氣壯。

我也不相信「本來面貌」這種事，但我相信閱讀帶來的認識與想像，可以讓我們接近這位在遠方的莎士比亞，感受當時的氛圍，為莎士比亞的靈光驚訝。

在這樣的想法下，我著手寫這本《莎士比亞不做的事》。生活中，其實我們都明白一個道理（雖然很容易忘記）：看一個人，不但要看他做了什麼，也要看他不做什麼。在看待莎士比亞的時候，幾乎很少例外，人們只注意他做的事——主要是他的劇本與詩行，那麼，他不做的事呢？

這本書一樣從史實出發，譬如，我們的確知道宗教改革對英國產生的影響，的確知道莎士比亞劇團在1598年底搬家，知道他的遺囑只留給妻子「第二好的床」……，但在這些事件的牽動下，他選擇了哪些事情不做，卻留給我們很多想像與臆測的空間。

因為沒做，所以也鮮有研究會往下認真探討，這反而提供了想像空間，去重塑一個時代的氛圍，恢復環繞莎士比亞與其作品的靈光。我不會妄言這本

書是一本嚴謹的著作，因為我的想像與猜測不全然有白紙黑字的證據可以證實。但也正是這些想像，讓我可以與中文的讀者對話。

我特別想要對話的對象，誠實說，不過是我的朋友。就是我這一代，在年輕時剛好遇上解嚴後的台灣，因為一個變動失序的社會強烈撞擊了心智，也打造了個性上的質疑與反叛，再一路努力活到現在的朋友。我看著有人投入社會運動，有人在名利場中追求；有人在劇場中探索身體，有人用戲劇助人，也有人早失去了理想的面貌，或更糟，只有理想的面貌而已。我特別想為你們寫書，是因為莎士比亞的劇場生涯，從1590年前後到1616年他過世為止，與我們從年輕迄今所經歷的時間相仿。

在莎士比亞與我們都還年輕的時候，這個世界變動得很激烈，許多新科技與新觀念被發明出來，挑戰了原來習以為常的價值與信念。莎士比亞所處的時代被稱為英國的文藝復興（Renaissance），或是「早期現代」（the early modern），許多今天深深主宰我們生活的知識與觀念，那時才剛剛萌芽：理性剛剛露出曙光，地球才被證明是圓的，時鐘上

有分針還很新奇,劇場開始成為人們熱衷的公共媒體……,很多我們今天太熟悉而視為理所當然的東西,那時正處處給人帶來驚訝。

同樣地,約莫二十年前,台灣政治解嚴,進入民主的進程,社會上所有領域也因此經歷了一場「合法性危機」,知識上許多被認定的正典被質疑(為什麼莎士比亞是偉大的?),網際網路興起,小劇場運動更以游擊隊之姿,撞擊了我們對戲劇的想像……

柏拉圖說:「哲學起源於驚訝感。」我想,這可以解釋為什麼莎士比亞無所不談的詩句有一種令人驚豔的反省高度;也或許可以解釋,為什麼今天還是有人像我一樣,對過分世故卻讓人失去驚訝能力的文化,會感到不安。

約莫莎士比亞職涯與生涯的晚期,英國社會的衝突像是體制化了,國王與國會的緊張,幾乎規範了整個社會的變動,劇場的商業化也漸上軌道,而這與台灣僵化對立的政局與文化產業化的局面相仿。莎士比亞是歷史上少數選擇退休的劇作家(而不是寫到不能寫),或許跟我一起經歷過去二十年的朋

友，能體會為什麼。

　　一直以來，我研究莎士比亞的過程像是在兩個世界之間徘徊擺盪：在那個世界鑽得愈深，對這個世界的侷限就愈能了然；而投射在那個時代的想像，我心底明白，不過是來自我們共同經驗的滋養。

　　歷史於是與記憶相融。說是她走了過來，更像是我自己走了過去。記憶讓歷史知識有了活力，結晶成島嶼，佇立在遺忘的海洋中。

　　這是一個非常小的島嶼，但對仍不太世故的讀者，我希望它能成為一個阿基米德式的立足點，為你們撐起一個充滿莎士比亞靈光的世界。

Things Shakespeare Never Did

OI

...

莎士比亞不要演員演戲

被遺忘的戲劇原貌，

莎劇演員最直指人心的演出方式

表演的本質是神秘的

演戲，就這個字最為我們熟悉的意思，就是演員躲在角色後面。但是莎士比亞真的喜歡演戲這件事嗎？

先放下這個問題，看一位彆腳演員的演出。在電影《莎翁情史》（*Shakespeare in Love*）中有這樣一個場景：

《羅密歐與茱麗葉》（*Romeo and Juliet*）的首演要開始了，但是在後台，莎士比亞注意到準備要上場說開場白的演員，一個臨時被拉來湊數的外行人，有著嚴重的口吃。他很緊張，反覆叨唸著台詞：Two Households, both alike in dignity...（兩個家族，同等尊貴……）

他結巴得那麼厲害，莎士比亞的擔心幾乎轉變成絕望了。他跟劇團經理菲利浦·亨斯洛（Philip Henslowe）說完蛋了，但老經驗的亨斯洛卻叫他安心。莎士比亞不解，看著這連一句話都說不好的演員問：「怎麼可能？」亨斯洛卻回答：「我不知道，這是個謎！」（I don't know, it's a mystery.）

時間到了，亨斯洛根本不管三七二十一，就把這位口吃的演員推了出去，一下子，他要面對滿場盯著他看的觀眾。他緩步走到舞台正中，全場鴉雀無聲，他環顧劇場上下四方的觀眾，努力地想吐出第一個字：T……T……。突然，像是打破了第一個字母帶來的魔咒，他開始說話了。他說得那麼好，流利又有自信，像是語言自動從他嘴中跑了出來，承載著他的聲音，飛入現場每一個人的耳朵裡。莎士比亞很驚訝，但他不得不承認，it's a mystery。

我們也應該承認的。不管今天有多少教人如何演戲的方法、工作坊、訓練課程，忘記表演的本質很神秘，認為可以被某種理論或科學的方法掌握，恐怕只會離演戲更遠。

莎士比亞的時代，戲劇正值它的青春期——希臘悲劇的盛況只能在文字中略見端倪，漫長的中世紀也只有宗教戲劇樸素地為傳教服務。對莎士比亞這一代的人來說，他們對劇場的一切不會一無所知，但也不到世故老成。這是戲劇史的青春期，充滿著摸索的動力與好奇，也沒有被太多理論上的成見侷限，甚至汙染。

It's a mystery成了再精確也不過的形容，或許它可以讓我們停下來，回頭問問一開始的問題：演戲就是演員躲在角色的背後嗎？

從《哈姆雷特》看莎士比亞的演員訓練課

莎士比亞也是演員，偶爾會在自己與別人的劇本中演出，他曾是《哈姆雷特》（*Hamlet*）中的鬼魂父親，是《皆大歡喜》（*As You Like It*）中的老人亞當（Adam）──他好像特別擅長老人的角色。雖然在1603年之後不再活躍於舞台上（至少我們找不到任何紀錄），但根據劇中哈姆雷特（Hamlet）給劇團演員的指導，我們知道他對演戲是有心得的。他認為演員要被好好對待，因為他們是時代的縮影與紀錄（they are the abstracts and brief chronicles of the time）（2.2.527-8）註。

註：2.2.527-8這串數字，表示台詞來自該劇本的第二幕，第二景，第527到528行。後面凡註明台詞出處，皆用此種方式標示。此書所援引莎士比亞劇本的英文，都來自 *The Oxford Shakespeare: The Complete Works*. Eds. Stanley Wells and Gary Taylor. New York: Oxford UP, 2005.

接下來，在三幕二景一開始，他更進一步指出，說台詞的時候，必須讓台詞在舌頭上輕快地跳躍（Speak the speech,...trippingly on the tongue）（3.2.1-2），別像很多演員一樣，只會大聲嚷嚷；別用手在空氣中亂揮舞一通，溫柔點；情感爆發時要有節制；討厭自以為屌（robustious）（3.2.9）的傢伙，戴著假髮撕裂感情，只為了劈開眼光不高的觀眾（groundlings）（3.2.11）的耳膜，他們只喜歡沒語言的啞劇與噪音……

他也建議演員別太溫順（tame）（3.2.16），要讓謹慎成為演員的導師；要讓文字配合行動，行動配合文字（Suit the action to the word, the word to the action）（3.2.17-8）；別太過火（overdone）（3.2.20），因為演戲的目的是為了映照自然（mirror up to nature）（3.2.22），顯示她的美德（virtue）（3.2.22）與愚昧（scorn）（3.2.23），還有這個時代的形貌與特色（the very age and body of the time his form and pressure）（3.2.23-4）。過火的演出只會讓無知的觀眾發笑，但不會讓明智的（the judicious）（3.2.26）觀眾哀傷──你必須

莎士比亞給演員的提醒是：一、好好說話；二、別太過火。（環球劇院手繪圖）

重視他的意見遠勝過劇場中的其他人。

他還說（當然是幫莎士比亞說的），他看過一些演員，被人高度地讚美，說話、走路卻連個基督徒的樣子都沒有（在那個年代，基督徒就是人的代名詞！），賣弄、大叫，像是大自然沒造好的人類，對人性（humanity）（3.2.34）只有拙劣的模仿。

很多人根據這段文字，認為莎士比亞反對一種宣敘性或雄辯式（declamatory）的風格，而是提倡一種自然主義或寫實主義式的表演，就是現在在電視、電影中看見的那種——這是太簡化了。

事實上，我們只能從他對演員的建議中看見兩件事：一、好好說話；二、不要太過火，雖然這可以討好無知的觀眾。

如果我們進一步想想莎士比亞的時代表演與觀眾的關係，並且與今天的表演環境相對照，恐怕會發現莎士比亞要說的，是——不要演戲。

「好看」的演員只是一個陌生人

想了解那時與現在對表演的看法有何不同，可以

從問今天的演員一個問題開始：演出上台前，妳／你還會緊張嗎？如果會，又是為什麼？

可能每位演員的理由不一，但根據我教書、演講的經驗，我會緊張，主要是因為我不認識那些台下的聽眾。如果是教書，通常要到四、五週之後，與學生彼此熟悉了，我進教室才會比較自在點。但演員大概沒有四、五次與觀眾彼此熟悉的機會，除非理由特殊，觀眾看戲很少看第二次。特別是知道劇場觀眾總是有同行或是劇場名嘴在其中時，大概上場前的壓力多少會更大一點，不然，演得不好，明天某篇劇評又攻擊一下，總是不好受的。

希望觀眾喜歡，因此有壓力、會緊張，這是正常的。今天觀眾跟演員的關係，基本上，是一群彼此不相識的陌生人。即使觀眾中有朋友來看戲，但心態上，演員不會把「觀眾」這個集合名詞當「朋友」、當家人，特別在商業演出的狀況下。

在這種關係下，演員在表演時，或多或少，很容易為了保護自己，尋求偽裝。分析角色、進入角色生命這件事，有時候（但不是一直如此）是將角色當成一個面具，一個保護殼。更有甚者，有些演

員會發展出為了讓自己好看，藉此保護自己的功夫——畢竟是面對陌生人啊！

於是，有時候我們很容易看出，演員不過是在用一套把戲或招數在放電，增加自己的魅力，讓自己更吸睛。很多很多讓自己好看的表演技術，其實都是讓自己躲起來，保護自己——但也只能瞞過那些眼光不高的觀眾。

這種「好看」，卻只讓我感到距離很遠，像是看煙火秀或特技表演一樣，是與我無關的一種景觀。這時演員並沒有與我在一起，不是真的信任我，把我當朋友、當家人。這樣的演員還是把我當消費者，用盡力氣對我進行一種征服。但是，用力愈多，卻離我愈遠，常常，我心裡都感到一陣惋惜。

會惋惜，是因為我知道今天的劇場環境不鼓勵演員信任觀眾，在商業與消費的考慮下，演戲是給觀眾看的，甚至是「把玩」的。影像表演就更不用說了，根本不是跟觀眾「在一起」，跟觀眾一起呼吸，把觀眾當家人。

信任你的觀眾，好好說話

我想起莎士比亞時代的演員，特別在1594到1602年這段期間，倫敦只有兩個劇團，每個團有十五個演員左右，他們一週七天都有演出，幾乎天天劇碼不同，一年演的戲到四十齣以上，新戲約佔一半（是的，他們的記憶力是從小訓練的結果，背台詞超快）。更重要的，這麼少的演員這麼密集的演出，使他們在觀眾眼前的曝光率，大概只有今天第四台的周星馳可以比得上。

觀眾很容易記得演員，演員也不難認識觀眾。以1600年為例，所謂的劇場觀眾（playgoer）有兩萬人（台北今天看劇場的人數不到一萬），但重要的是人口的分母：整個倫敦的人口只有二十萬人。換句話說，每十個人，就有一個是劇場觀眾。你可以想像，如果你在那時代當演員，去餐廳吃個飯，那邊會超過十個人吧，就會有個觀眾認出你，彼此哈啦幾句，然後第二天在市場又碰見他……。觀眾在人口中有十分之一，這麼高的比例，讓演員與觀眾彼此熟悉。

這樣的劇場環境，不難想像，是鼓勵演員信任觀眾的。

我跟很多人一樣，遇見不熟的人會害羞，或是用客氣與禮貌保持距離，不會馬上說心裡話，但回家之後就不同了，在家人面前，我自詡為歌王也會有人欣賞，至少不在乎被嘲笑。我常想像，當年的莎劇演員在表演時，會像我在家人面前唱歌——他「落落長」的獨白，是說給自己人聽的，是為了自己人說的。就像有個你認識、你信任的朋友，在告訴你一些道理，一些想法和心情。他是那麼直接地在對你說，你很難不覺得可以與自己無關。

在彼此信任中，莎劇演員對觀眾說話（另一個面向是對上帝說話，那是另一個故事了！），不偽裝，也不用在意自己的不完美被看穿，這不是什麼宣敘性或雄辯式的風格，這不過是對觀眾「好好說話」而已。只是這樣說話，直指了人心。

莎士比亞與他那個時代的劇作家，很長一段時間，都認為自己是詩人（poet），稱呼進劇場的人是「聽眾」（hearer，或是the audience，這個英文字的原意也是「聽的人」），一直到職業生涯的

晚期，才稱呼他們為「觀眾」（spectator），意思是「看的人」。因此，演員本來就被期待要好好說話，將詩人用心血提煉的文字，傳給來劇場的人聽的。

演出密集，排戲時間也短（往往早上拿到劇本，下午就要演出），不難想像，即便演員的記憶力很強，但一起排戲的時間很短，演員彼此的默契，對角色內在的體悟等等，除非是重演或很厲害的演員，不然，以今天的標準，演戲不容易好看。也就不難理解，為什麼哈姆雷特會批評一些演員過火的演出：雙手在空中揮舞，情緒又聲嘶力竭。這些演員都只想演戲，忘了好好說話。

但莎士比亞寫劇本不是為了閱讀，他的劇本重要，是因為演員的演出讓它們重要。所以，儘管表演上的花招不少，鬥劍、搏擊，甚至噴（雞）血、跳舞……，這些只是確保了舞台的娛樂性，不是表演直指人心的來源。演戲好看，恐怕不是他能奢望的手段，也不是他冀求的。把話說好，讓文字與行動彼此相合，是表演最好的力量。

記憶與演說敘事的能力

另外，從戲劇史來看，在沒有影印機，印刷術也不太發達的時代，知識的傳播主要是依賴口語，所以一個人在成為演員之前，從小教育起，有兩種能力跟今天比特別發達：記憶力——不知道有沒有「過耳不忘」這麼誇張；演說與敘事能力——說得好，人家才容易聽進去。因此，在希臘悲劇與莎士比亞那裡，大段的台詞之所以會出現，顯然是寫劇本的人相信他的演員一定都可以做到。

莎士比亞寫的大段台詞其實很複雜，有抒情的，有議論的，也有敘事的。這些演員不僅很快能記住這些台詞，還能把說話當成一種厲害表演。

安夫人（Lady Ann）的先生明明是被理查三世殺了，卻在送殯時，被理查的一番話說動，答應嫁給他（《理查三世》〔*Richard III*〕）；布魯圖斯（Brutus）殺了凱撒之後，先是發表一番演說，證明自己的正當性，贏回羅馬人民對他的信任，隨後安東尼（Antony）又發表另一篇演說，馬上贏回民心，讓布魯圖斯成為羅馬人的公敵（《凱撒大帝》

〔*Julius Caesar*〕）。

這些場面都不太能用演的（我就在環球劇院，看過兩個年輕演員把布魯圖斯與安東尼的演說「演」得很賣力），因為如果用演的，觀眾的思維就會去想劇情的前因後果，分析為什麼民眾會有這樣的轉變。可是如果用說的，如果演說的魅力夠，台下的觀眾（也被預設成羅馬民眾）會很直接地被打動，這種感染力是當下有效的（immediate），不用透過大腦的推論與仲介（mediate）。

我們今天的演員，在當演員之前，環境並不像以前，那麼鼓勵記憶與說話兩種特質；進學校接受的表演訓練，也多半從對話、分析（人物）關係、揣摩心理特質與情感記憶、建立角色等等開始，讓演員躲在角色後面。一些很古老、很簡單的手段與能力，似乎好像在萎縮中，也連帶地喪失劇本與戲劇語言能展開的廣度。

今天，處理一整段抒情的、私人內在經驗的獨白，這對很多演員都沒有問題，但問題是，像我這樣的觀眾很容易會想：「這是你的事，干我什麼事呢？」

在這種有「你我之別」的劇場中，要不就是冷靜地觀看他人的命運；要不就是一對一單挑，用自身的生命經驗去跟角色「搏感情」。這裡面對應了一個基本的狀況：演員與觀眾不再彼此認識了。

對話取代了詩，
也讓演員好好跟觀眾說話的機會消失

我想像當年一個莎劇演員是如何掌握表演訣竅的：

當他還是初試啼聲的新手，面對坐滿三千人的環球劇院，大概一樣緊張，很容易腎上腺素破表，就像一開始在《莎翁情史》中看見的那個結巴演員一樣。但如果他的表現不錯，還可以在這行待下來，他就有機會漸漸認識他的觀眾，就像我上課四、五週後會與我的學生熟悉一樣。然後，表演的自在，會在那個環境中慢慢生成，他會慢慢變成一個愈來愈好的演員，慢慢對著認識的人，對著具體認識的觀眾，像朋友、像家人一樣，好好說話。他會因此成為一個好演員，至少是莎士比亞期待的，而且不

太費力。

　　莎士比亞的年代是現代文明初生的階段，戲劇也是在它的青春期。我們在那邊看到很多戲劇原來的樣貌，喪失的、遺忘的，或者被懷念，或者成為提醒。其中，信任觀眾，將他們視為自己人，對之好好說話，恐怕是今天眾聲喧譁的劇場藝術中，最樸實的提醒之一。

　　之後，戲劇走到十七世紀的新古典主義，到十九世紀的佳構劇（the well-made play）、通俗劇（the melodrama），再到寫實主義，到電視、電影的興起，到各種以肢體與畫面為主的劇場風格……，我們的劇場環境不一樣了。我們很難把觀眾當自己人了，對話取代了詩，也讓演員好好跟觀眾說話的機會消失，而是成為要在陌生人面前盡力求好的一群。然後，上台前，開始緊張了……

　　再惋惜一次，我們的表演環境對演員已經沒有這種優勢了。但是，我還是相信，演員在意識中，還是應該信任觀眾，把觀眾當自己人、當家人。必須如此，如果表演希望能直指人心的話。

　　這本書我也會試著信任讀者，並且好好說話。

Things Shakespeare Never Did

O2

···

莎士比亞不高調

作風低調、作品高調,

成就莎士比亞創作的那個時代

歷史上大概沒有哪一位作家，死後的名聲能像莎士比亞這般高調：他寫的台詞成了座右銘，四處被人引用（我曾在公廁的牆上見過To be or not to be的塗鴉，嗯，一定很痛苦！）；他的劇本被不斷改編，無論是搬上舞台還是銀幕（YouTube上可以看到很多片段，包括在環球劇院的演出）；他的名字，就我看過，可以成為酒吧、咖啡店、釣具店、麵包店的店名（奇怪，釣具店應該取名海明威啊！）。

　　西班牙在文藝復興時代最重要的作家塞萬提斯（Miguel de Cervantes，《唐吉軻德》的作者）同樣死於1616年，可是今年（2016）到處都是「莎士比亞逝世四百年」的紀念，卻不見人紀念另一位西班牙文豪。

　　但莎士比亞活著的時候，卻一點都不高調，特別在倫敦這個讓他揚名立萬的地方。莎士比亞在故鄉埃文河畔的斯特拉特福（Stratford-upon-Avon）留下的線索還不少，足以幫我們了解他的出生、家族、婚姻、財富與死亡。但奇怪的是，當他到倫敦之後，在前後二十餘年的職業生涯中，我們知道的

卻非常有限。

　　這當然反映了他低調行事的作風，而莎士比亞自己恐怕也很難明白，他要低調的原因，與成就他的作品（以及高調名聲）的動力，竟然都是同一個。

倫敦橋上的人頭，被撕裂的英國社會

　　故事可以從下頁那兩張圖片開始。左頁是伊莉莎白時代的倫敦橋（London bridge），如果將圖中的細部放大，會看見如右頁的另一個特殊風景。

　　倫敦橋是泰晤士河（River Thames）上當時唯一的一座橋，因此，許多莎士比亞的傳記作者，都不約而同地想像過一個場景：在1590年代左右，當年輕的莎士比亞第一次到倫敦時，他一定會經過這條橋，也同時會看見這個人頭構成的恐怖畫面。

　　莎士比亞當然知道這些人頭是怎麼來的。

　　英國在亨利八世（Henry VIII）進行宗教改革之後，每次政權的更迭，也是國教的更替。亨利八世在1534年通過「至尊法案」（The Act of Supremacy），正式與羅馬教宗決裂，也開啟了

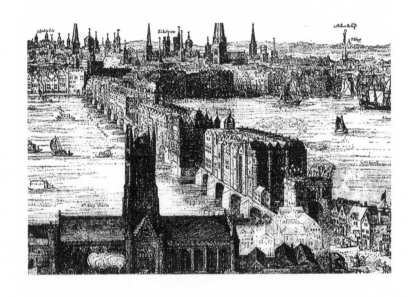

伊莉莎白一世時代的倫敦橋景象。

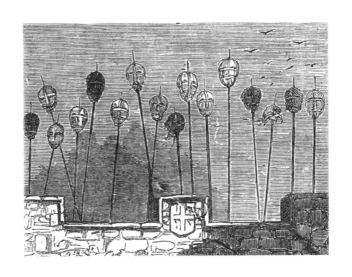

因「叛國罪」被斬首的人，砍下的頭顱用竿子插在倫敦橋的建築上示眾。

舊教（天主教）與新教（基督教）的鬥爭並撕裂英國社會的序幕；愛德華六世（Edward VI）繼位（1547-53）後，僅僅六年的在位期間，宗教改革推動得更為積極，甚至激烈，舊教的教產被沒收、異己被排斥；等到瑪麗王后（Mary I）繼位（1553-58），舊教復辟，對新教徒的迫害更為全面、殘忍，「血腥瑪麗」（Bloody Mary）也因此得名；等到女王伊莉莎白一世（Elizabeth I）繼任之後（1558-1603），新教再次成為英國唯一合法的信仰。

信仰是在一個人的心靈中根深柢固的事，很難說變就變，但在短短二十五年的時間，國家的國教數次更迭，並且是用強力的方式逼人民就範，自然很難不激起反彈，英國的社會也因此在新教、舊教的對抗中分裂。

當25歲的伊莉莎白初繼位時，她還試圖調和這兩股彼此鬥爭的勢力，但隨著其他舊教國家不斷地施壓（包括求婚、暗殺、鼓動英國人民叛變等或軟或硬的手段），且在1570年被羅馬教宗逐出教會（excommunication）後，新、舊教的衝突就更難

天主教、英國國教、清教
Catholicism, Anglicanism, Puritanism

跟發生在歐陸的宗教改革不同，英國的宗教改革並不是對教義與儀式上的歧見，也不是由宗教人物推動，而是因為國王亨利八世想要取消他與王后凱瑟琳（Catherine of Aragon）的婚約。由於王室的婚姻都需經過羅馬教宗的批准，要讓婚約不算數，只能走上與教宗決裂一途。

當然，翻臉的好處，是亨利八世還可以趁機沒收原來天主教教會在英國的土地與財產，充實國庫。但這個基於婚姻與政治計算而來的英國國教（Anglicanism），在教義與儀式上，很多方面仍沿襲自天主教（Catholicism，或稱為「舊教」），本質上並不如歐陸改革後的新教（Protestantism），真的有所革新。

因此，英國境內還有一群深受歐陸新教鼓舞的教徒，覺得英國的宗教改革不夠徹底，要求進一步將舊教殘存的儀式或觀念徹底從英國國教中清除，這群人稱為清教徒（Puritans）。

在宗教的光譜上，天主教與清教被視為兩個極端，英國國教被認為是兩者之間的中道。這三者之間犬牙交錯的關係，讓英國社會的運作益顯複雜。

譬如，清教徒一向視劇場為道德墮落的淵藪，百般刁難，但英國國教卻認為戲劇可以擔負宣揚政策、教化人民的功能，這給了劇場人夾縫中求生存的空間。另外，協助伊莉莎白女王治理國事的樞密院（Privy Council）成員幾乎都是清教徒，沒有他們，英國的國勢不可能在伊莉莎白時代維持不墜，但他們又始終對英國國教的制度與教義發出諸多激烈的批評，引起政府要下令查禁這樣的言論著作。

有轉圜的餘地了。

1588年，英國打敗了西班牙的無敵艦隊（the Armada）之後，有學者比喻，這兩個國家像是重量級拳擊場上打到第十五回合的選手，你打我一拳，我打你一拳，但從此誰都沒有能力把對方擊倒。

1590年，英國並沒有因為戰爭的勝利和緩了新、舊教衝突所帶來的緊張，相反地，卻是對舊教更充滿敵意。為了控制可能發生的謀反、叛變、暗殺，伊莉莎白幾乎將英國變成了一個警察國家，以嚴刑峻法維持社會表面的穩定。

政府會獎勵告密者（informer），所以人人都要小心自己的言行，不知道誰會在背後捅自己一刀。百分之二十到三十的罪犯都是吊死收場，很多人可能因為偷了一點小錢就被處死。

最罪不可赦的指控是「叛國罪」（treason），一旦行為被認為違反國家安全，就會被冠上此罪，不久就會送進倫敦塔，再來，就是斬首示眾，砍下的頭顱插在竿子頂端，參差錯落在倫敦橋的建築上——就是年輕的莎士比亞第一次到倫敦時所看見的景象。

伊莉莎白女王被逐出教會

The Excommunication of Elizabeth I

羅馬教宗庇護五世（Pius V）把伊莉莎白女王逐出教會的命令之所以嚴重，是因為這道命令等於對英國境內的天主教徒下了最後通牒，逼迫他們在國家的領導者與宗教的領導者之間做一選擇。溫和的天主教徒只好將自己的宗教認同放在心中，以秘密的方式進行舊教的彌撒儀式，激烈的就放膽策劃各種暗殺伊莉莎白的可能。

住在倫敦的莎士比亞，低調得像是有隱身術

莎士比亞當然知道這些人頭是怎麼來的。他的一位表哥叫約翰・薩莫維爾（John Somerville），因為在酒店裡大聲嚷嚷要行刺伊莉莎白，結果連累了莎士比亞母親這邊的家族，包括家族的族長愛德華・雅頓（Edward Arden）、約翰・薩莫維爾，還有他們的太太，最後在查無實證的狀況下，全都送往倫敦塔，最後處以死刑。

倫敦橋上可怕的景觀，一定讓他回憶起這件往事，同時明白一個道理：在倫敦這個地方討生活，務必要謹言慎行，低調行事。

這或許能幫我們解釋一個現象：劇場做為當時唯一的公共媒體，是個非常容易聚焦的地方，他的劇團裡的同事更不乏最受歡迎的明星演員；但身為當時最受注目的劇作家，莎士比亞在倫敦卻沒有留下多少資料，可以讓人一窺他的私下行徑。我們只知道他常被人形容「溫和有禮」（gentle），也是那個時代少數沒被關過、也沒被審查制度找麻煩的劇作家。

他低調得像是有隱身術一樣，留給後人對他在倫敦的生活有許多猜測與想像，而這很可能肇始於他第一天到倫敦時，看見橋上懸掛的人頭所產生的領悟。

在我們這個注重宣傳與行銷，也鼓勵藝術家或創作人高調的社會，莎士比亞的「隱身術」帶來最大的誤解，就是懷疑他的存在。要不認為沒有這個人，要不認為作品不是他寫的。

但莎士比亞好像只喜歡低調地躲在他的詩與劇本後面，不像同時代的其他劇作家，常常會透過別的媒介去表現他個人的主張。他沒有寫過當時很流行的一種小冊子（pamphlet），藉此議論時事、諷刺當道，也不見他站出來對劇場、文學發表理論性的看法。

他對這個世界大大小小事務的意見，都透過他的角色來表達，自己則隱身在他們的後面。

將「自己的事」寫成「別人的事」

不只是個性，他的劇本也反映出這種迂迴曲折的

性格。

　　莎士比亞沒有寫過任何一個以（他的）當代英國為背景的劇本，也只在《溫莎的風流娘兒們》（*The Merry Wives of Windsor*）與《皆大歡喜》這兩個劇本中，間接流露出他家鄉的痕跡。

　　可是，這並不代表他的劇本與他的觀眾脫節。正好相反，莎士比亞是為了他的觀眾而寫劇本的，他當然知道劇場中與觀眾互通聲息的重要，只是他在與社會最深切的關心打交道時，會讓劇中的故事看起來像「別人的事」。

　　譬如，當《羅密歐與茱麗葉》一開始，說書人就告訴觀眾，在義大利維洛那（Verona）這個城市，有「兩個家族，同等尊貴」，它們彼此的宿怨很深；當演出結束，觀眾又看見包括羅密歐（Romeo）、茱麗葉（Juliet）、帕里斯（Paris）等劇中年輕的一代都死了。對飽經新、舊教鬥爭，社會因此撕裂的倫敦觀眾，他們很容易產生一個警覺：這不是發生在義大利的故事，而是正發生在自己周圍的事。舞台上的悲劇讓他們明白，如果意識型態的仇恨與鬥爭繼續下去，倒楣的會是我們的下

一代。

在《哈姆雷特》中，當哈姆雷特的母親說，哈姆雷特為了奔父喪，剛剛從威登堡（Wittenberg）趕回來時，很多當時的觀眾馬上會認定這位丹麥王子是新教徒。因為威登堡正是宗教改革的發源地，就是1517年馬丁・路德（Martin Luther）在大門上貼出「九十五點異議」（95 Theses）的地方。

但是，當他父親的鬼魂出現在舞台上，向哈姆雷特訴說自己正在煉獄中受苦時，觀眾馬上又會發現老哈姆雷特可能是位天主教徒。因為「煉獄」（purgatory）這個地方在《聖經》上並不存在，是天主教教會在12世紀發明的觀念，認為人死後會先去這個地方，透過各種酷刑滌淨（purge）自己生前的各種罪愆後，靈魂才能上天堂（也是後來害怕死後受苦的人們要買贖罪券的原因）。

因此，觀眾很容易明白，舞台上出現的對話不只是屬於這對人鬼殊途的父子，也屬於新教與舊教，而這齣戲不只是一個兒子為父報仇的故事，更是在問超越信仰的衝突如何可能。

在近乎警察國家的審查制度（censorship）下，

每個劇本演出前都要送給「娛樂官」（Master of the Revels）檢查。可以理解，將「自己的事」寫成「別人的事」，的確是明哲保身的方法之一。

但這裡出現了一個不尋常的狀況，甚至與今天的共識相違背：我們都認為言論自由是創作的基本保障，而審查制度的箝制，只會帶來思想的僵化，讓創作的活力萎縮；但正是在這個既有審查制度，又有斬首示眾的年代，英國產生了莎士比亞。這是打臉了我們對民主與自由的信念嗎？

自由，是每個創作者，甚至是每個人最基本的權利，但從來不是作品能發人深省的保證。環顧一下我們這個消費社會中，有多少討好觀眾的作品就不難明白了。然而，以莎士比亞當例子，認為好作品與言論自由成反比，則是一樣的簡化與天真，沒有看到成就莎士比亞創作的其他因素。

諷刺的是，這些因素之一，正是與撕裂英國社會、緊縮言論自由的緣由如出一轍——宗教改革。

宗教改革下，繪畫或音樂各放異彩

對生存的威脅與成就創作的動力，讓他做人低調、作品高調的原因，竟然都是同一件事，恐怕是超過莎士比亞所能理解的。

不過，如果有人告訴他，1563年冬天，也就是在他出生的前半年左右，當市長的父親曾經親自監督，將一幅在家鄉的行會禮拜堂（Guild Chapel）牆上關於「最後審判」的壁畫用白灰塗抹，進而從眼前消失的故事，或許他也能從文明史的觀點，明白自己為何也是宗教改革的受益者。

回到1517年，馬丁・路德進行宗教改革，主張「因信得救」（Justification by Faith）。簡言之，他認為要獲得救贖，就只能依賴自己內心的信仰，而非外在的行動與作為。但信仰是一種心靈的活動，跟用英文說「與人相愛」（fall in love）一樣，總要在情感上有所感動，「相信」才有可能發生。（但相信上帝需要的感動顯然更強大，難怪今天相信愛情的人比相信上帝的人多！）因此，要建立信仰，用個較文藝的說法，是一個人必須直接「聆聽

莎士比亞家鄉行會禮拜堂牆上的壁畫。（達志影像 提供授權）

行會禮拜堂的壁畫
Wall painting in Guild Chapel

終其一生，莎士比亞不可能看到這幅壁畫，儘管禮拜堂就在他
成名後在家鄉買的房子「新地」（New Place）對面，更是他童
年上學時必經之地，但直到1805年，當禮拜堂重新整修，壁畫
才重見天日。

不過，從文法學校的老師到他的父親，他的周遭充滿了認同，
甚至仍然信仰天主教的人；在亞登森林（the Forest of Arden）
的家族教堂，這個莎士比亞童年必然造訪的地方，也仍然保有
彩繪玻璃等中世紀遺留下來的視覺圖像。

換言之，關於舊教與古老英國的種種傳說，仍然是包括莎士比
亞家族在內，很多人集體記憶的一部分，而它們也的確不斷出
現在莎士比亞的戲劇中。

自己內心的聲音」，而不是透過外力的強制。

因此，教會與神父這等外在的仲介，還有天主教的一些觀念與儀式，譬如「煉獄」這種嚇唬人的觀念，還有贖罪券這樣荒唐的東西，都被認為是不必要的間接手段，成了宗教改革意欲廢除的對象。

同樣成為新教箭靶的，還有拉丁文《聖經》與視覺藝術。原來教會的《聖經》都是用拉丁文寫的，一般人民不允許直接閱讀，也讀不懂，只能仰賴神父的詮釋與布道。為了鼓勵直接建立對上帝的信仰，《聖經》開始被翻譯成方言，也就是各國的語言，這個主張鼓勵了各國對自己語言的重視，英文也是其中之一。

另外，原本教會為了對不識字的民眾傳教，大量利用繪畫、雕刻、彩繪玻璃等視覺藝術，但對新教而言，「眼見為信」不但只造就了一群「小信的人」，更容易造成偶像崇拜。因此，新教開始了一系列破壞肖像（iconoclastic）的舉措，包括將教堂中所有的宗教雕刻、壁畫予以抹除。就像莎士比亞的市長爸爸，受命不得不對行會禮拜堂的壁畫所做的破壞。

從歷史的後見之明來看，宗教改革在文化表現上，造成了地域上的差異。概略地說，在舊教地區，譬如義大利、西班牙、法國等地，視覺藝術本來就因為教會的提倡有其傳統，而且受到宗教改革的刺激，之後的「反宗教改革」（Counter-Reformation）更是對雕刻、繪畫、建築等視覺藝術的提倡變本加厲，成果豐碩。

但在新教地區，因為更著重內省與聆聽自己的聲音，鼓勵了音樂的發展。今天許多古典音樂家的重要名字，如巴哈、貝多芬、莫札特、布拉姆斯等人，很多都是來自新教地區，特別是德語世界。

這個二分法，只是粗略地說明在宗教改革之後，新、舊教地區文化發展的趨勢。那麼，在與歐陸一海之隔的英國呢？

視覺的渴望，語言的期待，在劇場找到了出口

英國宗教改革的目的，從一開始，就不是出於對信仰的探討，而是婚姻與政治。幸運的是，從亨利八世開始，戲劇就被認為有宣傳新教主張的潛力；

到了愛德華六世時，更是將他在政治與宗教上的激烈主張，貫穿到宮廷娛樂與幕間劇（interlude，一種在宮廷或貴族家的娛樂表演中，穿插演出的短劇，是英國從中世紀到文藝復興的過渡期所出現的一種戲劇形式）中。政府對戲劇的重視，是英國戲劇能夠平安長大的原因之一。

儘管在1560年代以後，清教徒對包括戲劇在內的很多娛樂活動充滿敵意，但是宗教改革對視覺藝術的壓制，對方言的鼓勵，都是莎士比亞一出生起，已經在英國社會裡汩汩發酵的力量。

結果是：人們在視覺上被壓抑的渴望，對能提升性靈的語言的期待，都在劇場這個地方找到了出口，得到了滿足。

很長一段時間，如前一章所說的，包括莎士比亞在內，寫劇本的人仍然稱呼自己為「詩人」。這反映出他們認為自己主要的工作是在寫詩，是在創造美好有智慧的語言，至於故事情節，只是這些語言的溫床，為詩人提供了豐富的情境，讓他們創作的詩句可以從中展翅翱翔。

另外，很長一段時間，他們都稱呼觀眾為

audience（這個字在拉丁文的原意是「聽的人」，跟今天英文泛指觀眾的意思不同），或hearer（聽者）。這意味著，他們期待觀眾進劇場「聽」他們寫下、並由演員訴說的詩句。

在這個觀念的影響下，他們對於劇本寫作的想法也與今天不同。莎士比亞與同時代很多其他作家，寫劇本時都有故事來源，這意謂著觀眾在進劇場看戲之前，很容易從不同管道知道演出的故事內容（what）；他們不知道的，是這個故事如何被訴說（how），以及用怎樣的語言說。

不同於我們今天看戲，是透過語言來理解故事（經由對話、獨白等，去了解一齣戲的劇情）；很大的程度上，那時的觀眾是透過已知故事的輔助，去了解詩人的語言（如同中國京劇的很多劇目，都是改編自《三國》、《水滸》等名著是一樣的道理）。

換句話說，我們今天看戲之前最忌諱被人「劇透」的這種事，那時則剛好相反。不然，那些五步抑揚格（iambic pentameter）的無韻詩（blank verse），特別對教育程度不高的觀眾，讀起來都有困難了，何況能馬上聽懂呢？

當然，聰明的詩人如莎士比亞，一定會明白：故事愈複雜細緻，人物的心理挖掘愈深入，他們在語言上能揮灑的變化自然愈豐富。在這個狀況下，語言與劇情彼此提攜，彼此成就。

此外，在對視覺藝術的壓抑下，劇場也能滿足觀眾對「看」的渴望。那些被抹除的教堂壁畫，都是《聖經》故事中的場景，其中的人物也都是《聖經》中的角色。換言之，人們熟悉的視覺藝術，本來就是與敘事、與角色不分家的。現在，在劇院的舞台上，一樣有角色與故事，而且還是由活生生的演員扮演，能動能說，怎麼會不好看？

只是莎士比亞與他的劇團同事們，要花上一段時間，才有餘力進一步為觀眾提供視覺上的滿足。

由於演出劇目更動頻繁，動輒又需要出外巡演，戲劇的布景多半簡單，一如《亨利五世》（*Henry V*）的序幕中對觀眾要求的，舞台可以是戰場，可以是任何地方，只要「讓你的想像力運作」（On your imaginary forces work）（Prologue.18）。

但沒有舞台設計，劇團卻可以投資在好看的戲劇服裝上，甚至與歷史背景並不相符也沒關係。在沒

有紡織工業的時代，好看的衣服都所費不貲，對觀眾來說，這也是讓他們賞心悅目的樂趣之一。而根據那個時代留下的紀錄，劇團最大的開銷，就是這些戲劇服裝。

時代的力量帶來困難，也帶來好運

在宗教改革所激起的浪潮下，劇場順勢而起，並在1590年代前後，開始在倫敦逐漸商業化。宗教改革在視覺上帶來壓抑，在語言上帶來期待，這都造就了英國文藝復興時代戲劇得以爆發的動能，雖然，它也分裂了英國社會，並在自由上帶來很大的限制。

莎士比亞的天分，幸運地在一個時代的力量推波助瀾之下，來到了我們的眼前。不然，在今天這個強調行銷與宣傳的時代，以他低調到幾乎像有隱身術的個性，恐怕很容易被眾人遺忘。

宗教改革為莎士比亞所處的社會帶來了困難，卻給了他運氣。忽視了那個時代中造就他的力量，就不可能理解他作品中的力量。

比起讚美莎士比亞，或許更有意義的提問是：想想在我們這個充滿自由，卻被物質主義主導的文明中，劇場的機會在哪裡？

Things Shakespeare Never Did

03

• • •

莎士比亞不搞笑了！

環球劇院的誕生和莎士比亞的創作之路

那一夜，他們將「劇場」木料拆除……

　　1598年12月28日的晚上，倫敦居民還沉浸在耶誕的氣氛中，準備迎接新年的到來。大雪紛飛，氣溫低於往年，日照很短，五點天就黑了，英國冬天最典型的憂鬱。在沒有電的時代，除了早早就寢，大概也沒有多少對抗沮喪的妙方。

　　在倫敦東北方的郊區，一個叫肖迪奇（Shoreditch）的地方，這晚卻顯得不太平靜。一群人手持火把，身配武器，朝著一個就叫做「劇場」（The Theatre）的劇院奔去。

　　這群人是「宮廷內務大臣」（The Lord Chamberlain's Men）劇團的成員，包括劇團的經營者卡司柏特・柏貝芝（Cuthbert Burbage）與李察・柏貝芝（Richard Burbage）兄弟。兩人都是演員，弟弟李察尤其擅長悲劇，是劇團的台柱，也是最早的哈姆雷特、奧賽羅（Othello）、李爾王（King Kear）……。當然，寫這些角色的劇作家——李察的好朋友威廉・莎士比亞，也在這來勢洶洶的人群中。

這些人不是要造反的，雖然在某些人眼中很像，但他們只是要拿回自己的東西。

柏貝芝兄弟的父親詹姆士·柏貝芝（James Burbage），原來是個木匠，後來也當過演員，多才多藝。可是1572那一年，在主掌倫敦市政的清教徒施壓下，以對抗瘟疫為由，禁止在倫敦市內演戲；1575年，正式將演員趕出倫敦市區。這逼得演員們只好在倫敦郊區自己蓋劇場。到了1576年，詹姆士·柏貝芝與連襟約翰·布雷恩（John Brayne）合作，蓋了英國歷史上第二個公共的商業劇院——「劇場」。（第一個是約翰·布雷恩在1567年蓋的「紅獅」〔The Red Lion〕劇院，可惜營運失敗，非常短命。）

詹姆士·柏貝芝是個優秀的經營者，「劇場」的營運也開啟了戲劇的商業模式，吸引了當時重要的劇團先後進駐，成為演出的基地。

1594年，再一次，由於主掌倫敦市政的清教徒的施壓，倫敦只剩下兩個劇團可以在公共劇院演出：一是以海軍准將為庇護人（patron）的「海軍准將」（The Admiral's Men）劇團，主要在泰

晤士河南岸的「玫瑰」（The Rose）劇院演出；另外就是詹姆士・柏貝芝以宮廷內務大臣為庇護人所成立的「宮廷內務大臣」劇團。莎士比亞也是在這一年正式加入了這個劇團，並成為劇團的股東（shareholder），分享劇團的營收。

好景不常，1596年，劇團與「劇場」的地主產生了合約糾紛，主要是地主覬覦地上的建物，也就是「劇場」，只允許劇團再使用五年。訴訟中，劇團只好被迫搬移到旁邊的「帷幕」（The Curtain）劇院演出。

1597年春天，詹姆士・柏貝芝過世，「劇場」的經營權、債務與官司都留給兩個兒子承擔。一直到1598年12月28日這天晚上，他們帶著倫敦最好的木匠彼得・史翠特（Peter Street），將「劇場」拆除。

他們將木料連夜卸下，往南運到泰晤士河邊，先在史翠特家的院子存放，再用近半年的時間，在泰晤士河南岸，重建一個新的劇場，就是今天經後人重建後仍然矗立的「環球」（The Globe）劇院。

劇團台柱：喜劇演員威爾‧坎普

拆除的過程沒有遇到太多的抵抗，但拆除之前，劇團要搬家的決定，則在劇團內部引起了不同的聲音。其中威爾‧坎普（Will Kempe）就不同意。但，這位先生是哪位？

除非是研究莎士比亞的學者，今天真的沒人知道威爾‧坎普是誰了；但在1598年，倫敦人可以沒聽過莎士比亞，卻不可能不知道威爾‧坎普。

他是劇團的丑角（clown），也就是喜劇演員，在1580年代中期出道，跟過好幾個大劇團，甚至遠赴丹麥的埃爾西諾（Elsinore）巡演，就是《哈姆雷特》這個劇本發生的地方。（不難想像，準備動筆改寫《哈姆雷特》的莎士比亞，一定向坎普打聽過這個城市。）當他一樣在1594年，與莎士比亞一起加入「宮廷內務大臣」劇團，並成為股東時，他的聲望更是如日中天，深受肖迪奇這個地區觀眾的喜愛。

肖迪奇在當時不是什麼好地方，有許多酒館、妓院、賭場等讓人可以縱情聲色、放蕩形骸的場所，

右邊是威爾・坎普，正在演出捷格舞。

在此林立───一個道地的罪惡溫床。宵小、流浪漢等法外之徒，混跡在此地的居民中，一起在社會的底層掙扎生存───也正是這群人愛死了威爾・坎普。

　威爾・坎普到底是不是真的很會演戲，我們無從而知了，但我們知道他非常擅長一種「捷格舞」（jig）。有個「舞」字有點誤導，其實這是一種混雜了台詞劇情、唱歌、跳舞的綜藝秀。台詞約莫百來行，坎普或者自己寫，或者雇一些寫手幫忙，不太重要，反正他經常即興脫稿演出。

「捷格舞」最多可以四個人演，內容露骨淫穢，不乏下流的笑話與肢體動作，而且是接在正戲之後演出，所以常是對正戲情節的模仿扭曲或瞎掰，或者用今天的網路語言——對正戲的kuso。

我們大概很難想像，當看見羅密歐與茱麗葉雙雙殉情，彼此的屍身蜷曲在一起，用死亡擁抱愛情，並控訴上一代的仇恨，這麼沉重、心碎的時刻還在心中繚繞、低迴不語時……，威爾·坎普出場了。他的「捷格舞」演的是另一個版本：羅密歐其實有小三，茱麗葉也很猛，根本肚子裡有神父的孩子，殉情是假的，只是想騙兩家家長的錢……

這種大煞風景的演出，可能會讓我們皺眉，但肖迪奇的觀眾可是瘋狂不已，甚至有人在正戲結束後才進劇場，為了只是看坎普的「捷格舞」而已。

除了我們皺眉，認真寫劇本的劇作家當然也會。克里斯多福·馬羅（Christophe Marlowe，另一位劇團的首席劇作家，在歷史劇的寫作上啟發過莎士比亞）就曾經痛斥過「捷格舞」的演出。但是，坎普是票房的保證，是劇團的台柱，莎士比亞就算不喜歡，也不得不遷就，在好幾個劇本裡硬生

生地為坎普插入一個小角色。譬如，《羅密歐與茱麗葉》中的彼得（Peter），或是《無事生非》（*Much Ado About Nothing*）中的獄吏道格培理（Dogberry），都是只有幾句話的小角色。

在這兩齣戲最早流傳下來的版本中，好些地方，角色的名字甚至都直接寫成坎普（不過這很可能是抄寫員的筆誤，不是莎士比亞的，只能證明這些角色是坎普演的）。此外，像是《仲夏夜之夢》（*A Midsummer Night's Dream*）中的波頓（Bottom），或是《愛的徒勞》（*Love's Labor's Lost*）中的卡柏（Cobber）等，也懷疑原來是坎普演出的角色。

連伊莉莎白女王也瘋迷的角色法斯塔夫

不過，莎士比亞為坎普創造出最好的角色，是《亨利四世第一、二部》（*Henry IV 1, 2*）中的法斯塔夫（Falstaff）。

法斯塔夫是誰？他是在這兩齣歷史劇中，陪伴王子哈爾（Hal），就是未來的亨利五世，整日浪跡酒

肆、招搖撞騙，甚至打家劫舍的胖子。他與哈爾整日稱兄道弟，甚至有父子情誼，以為王子繼位後，自己也可以飛黃騰達。沒想到當這一天真的來臨時，卻換來新國王一陣絕情的奚落：

「我不認識你，老頭！開始禱告吧，一個無理取鬧的小丑，長一頭白髮，多麼不相稱啊！這樣一個人在我夢中好久了，貪吃臃腫，又老又猥褻。但當我醒來，我輕視我的夢了。」（I know thee not, old man. Fall to thy prayers. / How ill white hairs becomes a fool and jester! / I have long dreamt of such a kind of man, / So surfeited-swelled, so old, and so profane; / But being awake, I do despise my dream.）（*Henry IV 2*, 5.4.47-51）

法斯塔夫被一腳踢開，真是讓人心碎。據說（所以不是太可靠）伊莉莎白女王太喜歡法斯塔夫，就命令莎士比亞，要在十四天內寫一個以法斯塔夫為主角的新劇本，然後，《溫莎的風流娘兒們》就這樣生出來了。

不過，莎士比亞心裡是怎麼想的呢？

當《亨利四世第二部》演出結束時，法斯塔夫說

了劇末的結語（epilogue），在這裡，他代表劇作家，向觀眾承諾《亨利五世》很快會與觀眾見面。劇中會有法國公主凱瑟琳（Catherine），會有收復法國的戰爭，當然，最受歡迎的法斯塔夫也會出現。

莎士比亞顯然在心中構思他的第二次「歷史四部曲」（指《理查二世》〔Richard II〕、《亨利四世第一、二部》、《亨利五世》。第一次是《亨利六世第一、二、三部》〔Henry VI 1, 2, 3〕與《理查三世》）已經有一段時間了，透過法斯塔夫之口，向觀眾承諾下一齣戲，很有提前宣傳的味道。

但是，當1599年中「環球」劇院開幕，並以《亨利五世》做為開幕戲時，劇團的老顧客一定會發現一件事：法斯塔夫不見了！

不但這個角色沒有出現在莎士比亞的《亨利五世》中，讓他違反了承諾；扮演這個角色的坎普也離開了劇團，就在1598年搬家行動的前夕。就像法斯塔夫一樣，他也被一腳踢開了。

沒有人真的知道坎普離開劇團的理由是什麼？謹慎小心的學者們，因為沒有文獻證據，不敢斷定為

什麼坎普要離開。但，或許下頁那張地圖，可以更有力地說明原因。

從肖迪奇到南華克

簡單說明一下倫敦的地理。真正的倫敦市在當時其實不大，集中在地圖中圍牆的內部，過了泰晤士河就不是了。沿著泰晤士河北岸，從最東邊的倫敦塔向西走，過了倫敦橋，沒多久就會到「黑僧侶」劇院（The Blackfriars，這個地方在之後的章節中扮演重要的角色）。然後離開市區，繼續往西走，會到皇室所在的「白廳」（Whitehall，1698年被大火摧毀，位置就在今天西敏寺再下去不遠的地方）。這樣一路走來，大概不到五公里。

「劇場」劇院所在的肖迪奇地區在市區的東北方，屬於倫敦的郊區，也是清教徒市長管不到的地方，難怪龍蛇混雜。莎士比亞劇團的新家「環球」劇院，則是在泰晤士河南岸的「南華克」（Southwark），同樣是市長權力無法企及的地方。

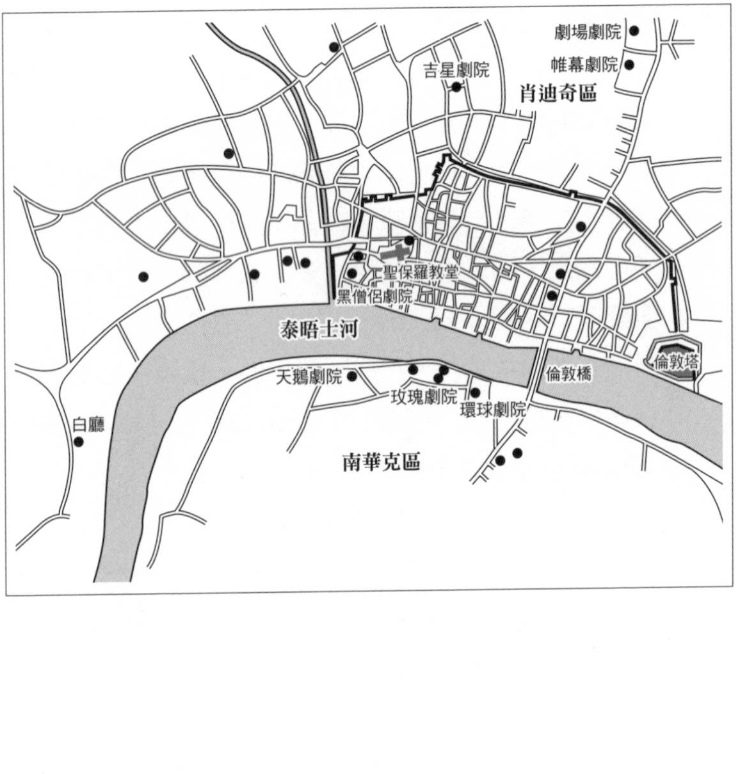
劇場劇院
帷幕劇院
吉星劇院
肖迪奇區
聖保羅教堂
黑僧侶劇院
泰晤士河
倫敦塔
倫敦橋
天鵝劇院
玫瑰劇院
環球劇院
白廳
南華克區

伊莉莎白一世時代的倫敦，曾經出現的劇院分布圖。

但這裡不屬於郊區，而是稱作「獄所自由區」（Liberty of the Clink），隸屬於主教（bishop）管轄的範圍。從中世紀以來，有點超出我們的理解，主教竟然授權可以在此地開設妓院，所以在1598到1599年時，這裡其實是個不折不扣的紅燈區，穿插著鬥熊場（bear-baiting）、餐館、酒吧等娛樂場所。當然，還有劇場，包括「紐英頓靶場」劇院（Newington Butts Theater，可能建成的時間比「劇場」劇院還早），以及「玫瑰」劇院（1592年2月開幕）。

看起來，比起肖迪奇，莎士比亞劇團新家的環境沒有比較好，來到這裡，威爾·坎普應該不難找到他的新粉絲。但如果多看一眼地圖，我們或許可以找到他離開劇團的理由。

當劇場搬家，也迎來了屬於知識分子的觀眾

在那個年代，教育仍不普及，能有機會因為知識打開視野的人，多半都是貴族，或是有一定的經濟基礎，而這些人大部分居住在倫敦市區內。這些

人對劇場的期待，跟坎普的粉絲不同，他們更想要明白，眼前劇烈變動中的世界，以及如何在其中自處，什麼還可以相信，什麼應該質疑。

因為宗教改革還有其他種種因素，英國社會已經大大迥異於他們父母那一代的面貌，而劇場做為當時唯一的公共媒體，可以觸擊他們這方面的關心，滿足心中的渴求。

莎士比亞當然認識這樣的觀眾。不完全是因為他自己就曾經住在倫敦市區內（但都在市區邊緣，分別在克里波門〔Cripplegate〕與主教門〔Bishopgate〕這兩個城門附近，離「劇場」劇院只有半英哩）；早在1594年加入「宮廷內務大臣」劇團之前，莎士比亞還是個靠賣劇本維生的自由作家時，已經有不同的劇團在不同的劇場上演他的劇本，他也因此能明白不同社會階層對戲劇的期待。

而他在這個時期寫的劇本，顯然不只是讓觀眾開心而已。九個劇本中，喜劇只有三個：《維洛那二紳士》（*The Two Gentlemen of Verona*, 1589-93）、《馴悍記》（*The Taming of the Shrew*, 1590-93）、《錯誤的喜劇》（*The Comedy of*

Errors, 1592-94）——誰不愛喜劇呢？

訴求殘忍血腥的復仇悲劇只有一個：《泰特斯·安德洛尼克斯》（*Titus Andronicus,* 1590-91）。

歷史劇卻有五個：《愛德華三世》（*King Edward III,* 1590-94，與別人合寫）、《亨利六世第三部》（1590-92）、《亨利六世第二部》（1590-91）、《亨利六世第一部》（1591-92，與別人合寫）和《理查三世》（1592-93）。

這些歷史劇固然很有復仇悲劇的風格，偏好刻畫陰謀與殺戮，而不是對歷史與政治提出視野，但至少滿足了英國人在1588年打敗西班牙無敵艦隊後，隨著高漲的民族意識，亟欲了解過去、建立認同的渴望。而這種渴望，一般來說，知識分子總是比較熱衷一點。

1594年之後，只要劇團的駐地還在肖迪奇，「宮廷內務大臣」劇團實際上就是威爾·坎普的劇團。莎士比亞這個時期的作品也反映了這點，十個劇本中，喜劇就佔了五個：《愛的徒勞》（1593-95）、《仲夏夜之夢》（1594-95）、《威尼斯商人》（*The Merchant of Venice,* 1596-97）、《溫莎的風

流娘兒們》（1597）、《無事生非》（1598-99）；
愛情悲劇一個：《羅密歐與茱麗葉》（1594-95），
但必須為坎普插入彼得；歷史劇只有四個：《理
查二世》（1594-96）、《約翰王》（*King John*,
1594-96）、《亨利四世第一部》（1596-97）、
《亨利四世第二部》（1597-98），但兩部《亨利四
世》中法斯塔夫（坎普）都是搶眼的角色。

也是在這個時期，隨著經驗累積，莎士比亞對這
個世界的看法逐漸深入，這個時期的劇本，明顯地
不只是為故事與舞台效果服務，而是有可以讓人思
考的問題或視野在其中。如此，威爾·坎普與他的
「捷格舞」，益發顯得扞格不入。

莎士比亞一定很清楚，住在倫敦市區又喜歡戲劇
的知識分子，才會是他的知音。但是要他們到肖迪
奇看戲，顯然是個負擔，不但距離較遠，沿途治安
也差，地理位置的隔閡顯然降低了他們的意願與人
數。

不過，他一定也記得，在加入「宮廷內務大臣」
劇團之前，他曾經在南華克唯一的劇場「玫瑰」劇
院，或者看自己劇本的演出，或者在這邊觀摩別人

的劇本，甚至在這邊當演員，而那裡對他屬意的觀眾來說，交通上是方便多了。只有一河之隔，如果不想繞過倫敦橋，泰晤士河岸邊多的是可渡人的小船，幾分鐘即可搖到對岸。因此，當劇團決定搬家到河南岸時，莎士比亞一定知道這是有利於他的決定。

事實上，新建的「環球」劇院就緊鄰著「玫瑰」劇院（今天的「環球」劇院則實際上建在「玫瑰」劇院的遺址上，而非原來「環球」的遺址），但會對威爾‧坎普的「捷格舞」蹙眉的人，除了劇作家，也包含了這群知識分子。搬到「環球」劇院後，威爾‧坎普明白，他的粉絲會減少，但對他斥責或蹙眉的人則會增多，他身為票房明星的地位，將會因此動搖。

我們不知道是坎普負氣離開，還是受到莎士比亞與劇團的排擠。當1599年中，《亨利五世》在「環球」劇院開幕時，莎士比亞沒有履行之前對觀眾的承諾，法斯塔夫（坎普）不見了。坎普去哪兒了？

我們知道他在1600年離開倫敦，一路跳著莫理斯舞（morris dance），向東北方的英國第二大城諾里

奇（Norwich）前進；後來也去歐陸討生活，傳說還去過義大利；1601年，他回到倫敦，加入另一個新成立的劇團，並開始借錢度日；1603年，在貧困潦倒中死去。

這是莎士比亞的勝利，也是戲劇史的一次革命

另一方面，劇團搬到「環球」劇院後，莎士比亞先是推出《亨利五世》（1599），再來是《凱撒大帝》（1599），再來是石破天驚的《哈姆雷特》（1600-01）……，一個接著一個，放膽探索，逐步深入那個時代的核心。1599年之後，「宮廷內務大臣」劇團的重心，從喜劇演員轉移到劇作家──這是莎士比亞的劇團了。

這不是一個人的勝利，而是一次戲劇史上的革命。

丑角或喜劇表演，從中世紀以來就有悠久的傳統：在最樸素、甚至呆板的宗教戲劇中，有「罪惡」（Vice）這種喜劇角色；也有專職搞笑娛樂的吟遊藝人（minstrel）；宮廷中的弄臣；或者在民間遊

走的小丑（jester）⋯⋯。發笑是人類最歡迎也最需要的本能，逗人開心的搞笑表演，在歷史中自然根深柢固，可以頑強地抗拒任何道德教訓的打壓，甚至在今天都展現著活力。

相較之下，除了在希臘戲劇中有過的驚鴻一瞥，劇作家與（不搞笑的）演員卻像是劇場中可有可無的龍套，一直要到這個時代，他們的重要性才真正擺脫了丑角的主導，成為劇場中的新興勢力。莎士比亞與劇團搬家的故事，正是這次戲劇史革命的一個縮影。

為了劇團票房與因應男孩演員（boy actor）的興起，莎士比亞在很短的時間內又寫了兩個喜劇：《皆大歡喜》（1599-1602）與《第十二夜》（*The Twelfth Night* 或 *What You Will*, 1601-02）。然後，直到他過世，莎士比亞沒有再寫過任何喜劇。換言之，莎士比亞不搞笑了。

但這不表示莎士比亞不再跟喜劇演員合作，只是他們的關係走入了一個新的模式。

當威爾・坎普離團之後，羅伯特・阿爾敏（Robert Armin）成了他的接班人，並且在隨後

羅伯特・阿爾敏。此圖出自他自己所寫的劇本《兩個默克拉克的姑娘》（*The History of the two Maids of More-Clacke*）扉頁。

莎士比亞的劇本中，都擔綱了丑角的演出，包括《皆大歡喜》中的試金石（Touchstone）、《第十二夜》中的費斯特（Feste）、《特洛伊羅斯與克瑞西達》（*Troilus and Cressida*）中的忒西忒斯（Thersites）、《終成眷屬》（*All's Well That's Ends Well*）中的拉瓦契（Lavatch，有人認為是帕羅斯〔Parolles〕）、《馬克白》（*Macbeth*）中的波特（Porter），以及《李爾王》（*King Lear*）中

的弄人（Fool）等，至於《哈姆雷特》中的一位掘墓人也可能是他。而我一直懷疑他就是《奧賽羅》（Othello）中的伊阿古（Iago）。

羅伯特·阿爾敏是很特別的丑角。他的本業是個金匠，卻因為在語言上展現了機智與幽默的天分，在1582年左右，被當時女王最愛的喜劇演員李察·塔頓（Richard Tarlton）收為學徒。除了演出，他也寫作，包括諷刺短文、劇本，甚至回顧英國的丑角傳統，寫了兩本討論喜劇表演的書。

這讓他的喜劇風格與威爾·坎普很不相同：更依賴語言，而非肢體；更訴求腦子，而非眼睛。不難理解，為什麼在1599年之後，他會與同樣擅長文字的莎士比亞一拍即合。

莎士比亞不搞笑了，但他更善用丑角，讓他諷刺的觀點，犀利地與悲劇主角的觀點彼此對照。

現在，沒有丑角的任意即興與「捷格舞」來破壞他苦心寫出的劇本，相反地，像是音樂中的對位法一樣，丑角的存在讓劇本更完整，豐富了可以思辨的空間。而正是這些劇本，成就了莎士比亞，成了我們還記得他的理由。

找到自己為什麼創作的理由

劇場人可以找到一百個理由去討好大眾、追求票房,卻只有一個理由可以提醒自己為什麼創作。

1593年,倫敦爆發瘟疫,劇場關閉,莎士比亞利用這段時間,改編羅馬詩人奧為德(Ovid)的《變形記》(*Metamorphorses*),寫了一首敘事詩《維納斯與阿多尼斯》(*Venus and Adonis*),獻給南安普敦伯爵(Earl of Southampton),隨後也出版。在封面上,莎士比亞引用了兩句奧為德的話,是拉丁文寫的,威爾·坎普與他的粉絲們大概看不太懂,不然應該會抗議:

Vilia miretur vulgus; mihi flavus Apollo
Pocula Castalia plena ministret aqua.
(就讓俗氣的大眾為廉價的玩意兒興奮吧,
我只希望金色的阿波羅能用繆思之泉將我滿滿傾注。)

詩集出版後竟然非常暢銷,莎士比亞是個抒情詩高手的名聲也不脛而走。我想,在此鼓勵下,或許

年輕的莎士比亞那時就知道他的觀眾在哪裡，以及他為什麼創作。

在一個把文化當產業的社會，這樣的鼓勵大概很難有了。代價是我們不乏很多生產劇場演出的熟手，卻不真的知道為什麼。

Things Shakespeare Never Did

04

• • •

莎士比亞不寫城市喜劇

從「劇場戰爭」反窺莎士比亞的寫作態度

一直以來，比起他膾炙人口的喜劇，譬如《仲夏夜之夢》、《皆大歡喜》、《第十二夜》等等，莎士比亞沒有寫過城市喜劇（city comedy）不是什麼太引人深究的大事，對於他為什麼不寫，學術上也一直欠缺一個篤定的理由。

不過，對這種以當時倫敦生活為題材的喜劇類型，在探究產生它的風潮、它的特質，還有莎士比亞在這個風潮下有什麼態度後，我們可以從這件莎士比亞不做的事中，看見他的另一個面貌。

這個面貌浮現於一樁劇場與政治的糾纏。跟很多故事一樣，一旦沾上政治，背景介紹就是沒完沒了。或許，我們可以先從右頁這張圖片開始！

衰老的女王與懷疑的暗潮

這是1595年左右，女王伊莉莎白62歲時的肖像畫。但如果不說明，這不過是一個貴氣卻衰老的女人，滿臉皺紋，幽幽地對我們凝視。

但女王的形象從來不屬於她自己，而是屬於這個國家。做為英格蘭的君主，伊莉莎白的形象就是

1595年左右，伊莉莎白一世62歲時的肖像畫。
馬庫斯・吉爾哈特（Marcus Gheeraerts the Younger）繪，陳列於華府莎士
比亞圖書館（Folgers Shakespeare Library），現為美國北卡羅萊納州伊莉莎
白花園（Elizabethan Gardens）所有。

國家的象徵：年輕、有活力、富於朝氣與理想。在「君權神授」（the divine king）的觀念下，她的形象更必須超凡脫俗，像是深受上帝寵愛與庇佑的人間代理人，儘管她的身體仍然得臣服於俗世的自然法則。

1590年代的末期，所有人都知道莎士比亞的事業正旭日東升，也都清楚伊莉莎白的身體與政權正是長日將盡。伊莉莎白沒有子嗣，也早過了能生育的年紀，誰是她的繼承者，成了每個人心裡都在問卻不敢問的問題。

從她父親亨利八世開始，因為宗教改革之故，每一次政權的替代，都伴隨著流血與殺戮，而這樣的夢魘又隨著女王的衰老回來。

她的大臣們擔心天主教徒又會再次繼位，帶來一波對新教徒的迫害；自認有資格的繼承者也開始蠢蠢欲動，暗中布局，與支持自己的大臣互通款曲；伊莉莎白自己更擔心一旦繼承者確定，只會讓接班人迫不急待地想奪取政權而加害自己，所以頒布法令，禁止一切有關繼承問題的討論，違者會以「叛國罪」喪命。不能說的現在都成了流言、八卦，猜

青年面具
Mask of Youth

1596年，宮廷發出了命令，要大家搜尋所有「不合時宜」
（unseemly）的女王肖像，因為它們大大冒犯了女王，所以要
回收「毀容」（defaced）並焚毀。書中這幅衰老的肖像畫應該
是少數倖存的作品之一。之後的女王形象，必須經過宮廷畫師
的允許才能製作。

事實上，從1596年到她1603年過世，伊莉莎白再也沒有留下一
幅本尊重現的畫像，而是藉著寫意或象徵的筆法，營造出一種
不受時間羈絆，彷彿永遠年輕的模樣。藝術史家就用「青年面
具」（Mask of Youth）來形容這個時期的肖像畫，這也正好反
映了一個政權如何在門面上欲蓋彌彰。

測滋養了不信任與懷疑。

但懷疑的心態不是從這天才開始的。古希臘哲學家皮洛（Pyrrho）的懷疑論，經過羅馬時代哲學家塞克斯都‧恩皮里柯（Sextus Empiricus）的闡揚，成為「懷疑主義」（Pyrrhoism）的代表，並深深為十六世紀的法國哲學家蒙恬（Michel de Montaigne）所擁抱。他們的著作，也在16世紀中葉以後，陸續被介紹到英國來（蒙恬在1603年出版的《隨筆集》〔*Essays*〕，更是莎士比亞生涯晚期最愛的書之一）。這些思潮，為英國人的心智提前注入了懷疑的能量。

面對都鐸政權的衰落，懷疑的眼光也會讓歷史變成武器。英國在1588年打敗了西班牙的無敵艦隊後，民族意識高漲，英國人更想要理解自己的過去，強化自己對國家的認同。在這股熱望下，不論是史書還是劇本，都有生產英國歷史的需要，更需要範本指導作家們如何寫歷史。

早在1579年，羅馬史學家普魯塔克（Plutarch, AD. 46-120）的著作《希臘羅馬名人傳》（*Parallel Lives*）即在英國出版。這本藉著分析人物，闡揚

道德價值的歷史著作，在英國很受歡迎（分別在1595、1603年兩次再版），伊莉莎白女王還親自翻譯過其中的章節，也是莎士比亞眾多羅馬劇的故事來源。

但是在1591年，與普魯塔克同時代的另一位羅馬史學家塔西陀斯（Tacitus, AD. 56-117）的著作也被翻譯與出版，其中，他描繪羅馬在尼祿（Nero）皇帝的統治下，由於統治權威式微，以致於政治陰謀凌駕了道德原則，終至讓國家崩解……。這種強調陰暗面的風格，正好與充滿懷疑猜忌的倫敦政壇一致。

在塔西陀斯的影響下，英國歷史的書寫成了工具，甚至武器。

一本《亨利四世》，引發禁書與焚書的風暴

1599年初，兩本題為「亨利四世」的書在倫敦的書攤上販售。

其一是莎士比亞的劇本《亨利四世的歷史》（*The History of Henry the Fourth*），跟所有莎士比亞在

生前出版的劇本一樣，這也是一個未經他授權的盜版本，而且賣得挺好，已經是第三版了。

但真正引起轟動的是另一本，由歷史家約翰‧海沃德（John Hayward）寫的專書《國王亨利四世的統治與生平：第一部》（*The First Part of the Life and Reign of King Henry IV*）。

在這本書中，被亨利四世罷免的國王理查二世（Richard II）影射了伊莉莎白——他們都沒有子嗣，對愛爾蘭的政策也都一樣失敗；更要命的，是這本書的題詞（epistle），竟然是獻給伊莉莎白當時最大的政敵艾塞克斯伯爵（Earl of Essex），以致於引起很多熟習政壇的人起疑：「誰讓這作者⋯⋯竟然可以主張罷免君主是合法的？」（What moved him to maintain...that it might be lawful for the subject to depose the king?）

這本書暢銷的程度，引起幾乎每個英國知識分子的注目，甚至包括伊莉莎白。她對親信說：「我就是理查二世，難道你不知道嗎？」（I am Richard II, know ye not that?）

當她命令她的大臣培根（Francis Bacon，就是留

下名言「知識就是力量」的那位）去檢查這本書中任何「叛國」的線索時，培根回答得很聰明：「叛國，沒發現；但是重罪很多，因為太多句子是從塔西陀斯偷來的。」

1599年5月中旬，當莎士比亞與他劇團的同事正忙著準備「環球」劇院開幕時，就在一河之隔的不遠處，發生了一件莎士比亞再忙也要放在心上的事。

出版商將約翰·海沃德的書加印了一千五百本，準備大發利市，但坎特伯里大主教約翰·惠特吉夫特（John Whitgift）與倫敦主教理查德·班克羅夫特（Richard Bancroft）受夠了。5月27日，班克羅夫特下令將書全部沒收，送到他的宅邸，再將之焚毀。但這只是個開始而已。

6月1日，他們進一步發布了禁書的命令，超過十二本書在黑名單上，不准再印，沒收，並在聖保羅大教堂前方的「書業工會」大廳（Stationer's Hall）中，將大部分沒收的書焚毀。

在這道伊莉莎白繼位以來最大的禁書令下，有關英國歷史的著作不准再印了，除非樞密院（Privy Council，就是在女王身邊幫忙處理國家大事的一群

重要大臣，約翰·惠特吉夫特此時也是其中一員）允許，這表示英國歷史的內容將完全由官方掌控。劇本也不准印了，除非有關當局或權威允許。

做為一位出版過兩本詩集的作者，還有正在不斷發表劇本的劇作家，這場「禁書」與「焚書」的文化地震，對莎士比亞當然是一個警訊。當然，他也知道如何應對與自處。他的《理查二世》與《亨利四世第一部》，在伊莉莎白時代再也沒有付印過，而劇團也趕快將《亨利四世第二部》與《亨利五世》「消毒」後快速付印，表態清白。

在這波黑名單中，大部分被鎖定的目標，是當時的諷刺文學（satire，主要是模仿羅馬時代的諷刺詩人尤維納利斯〔Juvenal〕的作品）與諷刺短詩（epigram）。這種文體雖然有其悠久的淵源，但自1597年起，突然以驚人的速度，如雨後春筍般在倫敦風行起來，而所有被禁的諷刺作品，都是在這段不到兩年的時間出版的。

這些諷刺作家鼓起懷疑的態度，對不信任的對象挖苦、嘲弄，展現一種憤世嫉俗的犬儒主義（cynicism），用酸言酸語的詩句腐蝕很多原來被相

書業工會

The Stationers' Company

受坎特伯里大主教約翰‧惠特吉夫特與倫敦主教理查德‧班克羅夫特管轄，是主管出版與印刷業務的機構，書商、出版商、印刷廠、裝訂廠都受其管轄。換言之，它控制著思想與輿論的「上游工業」，而在它的大廳焚書，自然在象徵意義上有嚇阻作用。至於演出的審查，則是由「娛樂官」（Master of the Revels）負責，兩者的審查單位不一樣。

信、景仰的價值。當這種文體在16世紀末的倫敦開始流行時，反映出這股懷疑的態度不只是屬於幾位作家，而已然蔚為一種社會風氣。

劇場規避審查的本事，成為出版禁令的出口

禁令頒布之後，這股懷疑諷刺的能量要尋找新的出口。在這波禁書名單中，約翰·馬斯頓（John Marston）與湯瑪斯·密道頓（Thomas Middleton）這兩位作家接著選擇了投身劇場，因為劇場有機會可以規避嚴厲的檢查制度（censorship）。

雖然一直以來，劇本必須經過「娛樂官」的審查才能演出，但劇本與演出可以是兩回事。劇團可以只送「安全」的劇本去檢查，但在演出時搬演真正想演的版本。檢查者不是不屑於涉足劇場，就是在那個大家都彼此認識的年代，檢查者的身分很容易在演出前被認出，讓劇團與演員能臨時做出應變。（別忘了，那是沒有智慧手機與錄影機的年代，連錄音機與相機都沒有，很難錄影存證。）

莎士比亞一定也知道劇場規避審查制度的本事，

畢竟他已經在這一行待了近十年了。因此，面對焚書事件與帶來的寒蟬效應，他看到的可能是另一種「商機」——在出版品被打壓的渴望與關心，在劇場找到了出口。

眼見海沃德的著作，甚至塔西陀斯的著作深受歡迎，而且深入人心，莎士比亞不會不知道懷疑的風潮如何影響人們對政權的信任。如果他讀過這兩位史家的著作（很難想像他會不讀），他甚至會發現，以往他在歷史劇中分析政治權力時所探討的一些觀念，譬如「君權神授」，現在在這些著作中被懷疑批判得更徹底，更無所顧忌。面對更大膽激進的政治觀點，對人永遠都是一種刺激。

結果是，莎士比亞決定更深入倫敦觀眾的政治焦慮，寫下了他職涯以來最大膽激進的劇本——《凱撒大帝》。

《凱撒大帝》在1599年演出時，觀眾很快會發現這個曾經被羅馬人民愛戴的領導者，現在卻老邁任性、一意孤行，甚至多次在劇中被人民稱作「獨裁者」（tyrant），也真的在元老院被暗殺了。接下來，則是羅馬人民糾結在這樣的問題中：「弒君」

（regicide）是否是人民的權利？

面對遲暮的伊莉莎白與都鐸政權，這剛好也是很多英國人心中的問題。當然，終莎士比亞一生，《凱撒大帝》都未曾出版。

劇作家彼此攻擊的「劇場戰爭」

當莎士比亞在泰晤士河南岸碰觸觀眾最深層的關心時，河北岸在焚書後也有新的變化。

1599年，河北岸的黑僧侶修道院租給曾在這裡經營過男童唱詩班的一位經理人亨利・伊凡斯（Henry Evans），並且讓黑僧侶劇院成為沉寂多年的「禮拜堂兒童」（Children of the Chapel）劇團的基地。

沒有引起附近貴族鄰居的抗議，是因為兒童劇團的前身是唱詩班，附屬於教會，所以在他們眼中，兒童劇團不像商業的成人劇團那麼「墮落」，男童演員（boy actor）的地位甚至比成人演員高。

黑僧侶劇院的位子不多，票價也較貴，但倫敦觀眾竟然趨之若鶩，以致於很快就引起競爭者——同樣沉寂多年的「保羅兒童」（Children of Paul's）

劇團的覷覦，就以聖保羅教堂的空間為演出場地，開始分食市場。

有劇團，有競爭，當然需要劇本。那兩位在禁書令名單上的作家，約翰‧馬斯頓與湯瑪斯‧密道頓，還有更多未出現在名單上，卻因為禁令不敢再寫諷刺文學的作家，現在都有了新工作。

由於演員都是尚未變聲的男孩，當他們扮演大人時，不論扮演的角色多壞，或是說了多麼負面的台詞，看上去仍然顯得無辜，不若成人演員可能會讓人討厭。這些喜好諷刺的作家竟然在寫劇本時，開始藉男孩演員之口，彼此攻擊了起來。

爭端由約翰‧馬斯頓挑起。1599年，就在他的書被燒了沒多久，「保羅兒童」劇團演出了他寫的《鞭打演員》（*Histriomastix* 或 *The Player Whipped*），劇本中說，社會走向戰爭與毀滅，都是（成人）演員敗壞了道德之故。約翰‧馬斯頓不但藉此推崇了兒童演員，還在劇中醜化了另一位劇作家班‧強生（Ben Jonson）。

班‧強生接著跟「宮廷內務大臣」劇團合作，演出他寫的《人人都會脫離脾性》（*Every Man out*

黑僧侶劇院。

黑僧侶修道院
the Blackfriars

1596年，當「宮廷內務大臣」劇團跟地主打官司時（見〈莎士比亞不搞笑了！〉一章），他們的老闆詹姆士‧柏貝芝還同時做了一件投資：他買下市區內黑僧侶修道院中的一個食堂（refectory，就是電影《哈利波特》中學生們一起用餐的地方），並投資改建成一個室內劇場。

這裡一樣是主教管轄的地區，雖然位於倫敦市內，卻不屬於倫敦市長的管轄。這也不是黑僧侶修道院第一次有空間被改成劇場。早在1576年，就有人將黑僧侶修道院的儲藏間（buttery）改建成可以演戲的空間，並讓教會唱詩班的男童進行戲劇演出，只是因為訴訟、財務等理由，這個空間的營運並不成功。

詹姆士‧柏貝芝在1596年所改建的第二個劇場也不順利，好不容易斥資完成改建後，竟遭到附近非富即貴的鄰居抗議，因此只好閒置在那兒，無法啟用。到了1609年，莎士比亞的劇團才正式進駐演出。

of His Humour），回應並嘲笑了約翰·馬斯頓。馬斯頓又回寫了一齣戲，繼續攻擊強生；強生不甘示弱，這次跟「禮拜堂兒童」劇團合作，用另一齣戲嘲笑了馬斯頓與另一位劇作家湯瑪斯·德克（Thomas Dekker）。然後，馬斯頓又回擊；然後強生再回擊；然後德克也回擊……，這段期間，湯瑪斯·密道頓也偶爾來插花。

這個從1599年到1602年期間，劇作家們透過兒童演員之口（偶爾是「宮廷內務大臣」劇團的成人演員）彼此攻擊的事件，歷史上就稱作「劇場戰爭」（War of the Theatres）或是「詩人戰爭」（Poetomachia）。

在對政權與傳統都失去信任基礎的氛圍下，懷疑、諷刺與攻擊，成了劇場中的興奮劑。「劇場戰爭」在倫敦觀眾，特別是受過教育的觀眾間，掀起了一陣風潮，男童演員的演出甚至對成人演員的票房帶來了威脅。

那麼，在河南岸的莎士比亞與他的劇團，又在做什麼？

從脾性喜劇到城市喜劇

　　早在1598年，當劇團還沒搬家時，「劇場戰爭」中那位像葉問一樣，可以「一個打十個」的班‧強生，就與「宮廷內務大臣」劇團合作，演出了他的成名作《人人都有脾性》（*Every Man in His Humour*），莎士比亞還親自擔任主角演出（據說是他力薦這個本來被劇團拒絕的劇本）。

　　隨著「劇場戰爭」對票房的煽動，劇團現在更有理由演出他的《人人都會脫離脾性》，只是這次沒那麼受歡迎了。但是這兩齣戲的演出，催化了一種叫「脾性喜劇」（comedy of humour）的流行。

　　「脾性」（humour，不是「幽默」喔）其實是當時醫學上的觀點，認為每個人不同的「脾性」，是由人身體中四種不同的體液：血液（Blood）、黏液（Phlegm）、黃膽汁（Yellow Bile）與黑膽汁（Black Bile），在身體中的不同比例所決定。

　　「脾性喜劇」用這個觀點來塑造角色，認為角色的言行是受制於四種體液決定的「脾性」。這等於說，對比於中世紀戲劇將角色當成寓言概念的

化身（角色的名字就叫「善行」、「貪婪」、「恩典」等，每個概念的使用其實都鞏固了宗教價值下的倫理關係），「脾性喜劇」的角色更有理由乖戾反常，脫軌失序，違背社會規範對他的期待（體液比例失當，會讓僕人不像僕人、主人不像主人等等）。

在懷疑風氣的瀰漫下，「脾性喜劇」等於提供了一個質疑的工具，將傳統中認為理所當然的價值與制度，呈現在諷刺的眼光下。

受到「脾性喜劇」的影響，牽連在「劇場戰爭」中的劇作家們，逐漸發展出一種「城市喜劇」（city comedy），諷刺當代倫敦人的罪惡與愚言愚行，以及劇壇對手。

不意外，這種新興起的戲劇類型，在往後十幾年的倫敦劇壇大行其道。上面提到的每一個劇作家，都寫過「城市喜劇」，除了莎士比亞。

直到生涯終了，莎士比亞從來不寫「城市喜劇」，他既沒有把當代的倫敦當背景，也沒有用諷刺的態度去攻擊都市人的愚昧無知。

他當然明白懷疑的風氣在這個宗教鬥爭仍熾的社

會中，正方興未艾；也當然明白「脾性喜劇」帶來的影響──「脾性」在他的劇本中早就被當做「反覆無常」、「不可理喻」的同義詞。但面對「城市喜劇」的大行其道，莎士比亞卻從來沒有從俗。他在想什麼呢？

驚天之作《哈姆雷特》的質問與自省

當「劇場戰爭」沸沸揚揚地展開時，莎士比亞正打算改編一齣倫敦觀眾耳熟能詳的老戲。

1589年左右，一位叫湯瑪斯‧吉德（Thomas Kyd）的劇作家，寫了一齣相當受歡迎的復仇悲劇，名字叫做《哈姆雷特》，並在往後十多年間多次重演。莎士比亞的劇團不但演過，他本人更演出其中的鬼魂父親。現在，在大膽的《凱撒大帝》之後，正值創作力高峰期的莎士比亞想為《哈姆雷特》注入新生命，而且，要跟「劇場戰爭」中的劇本有所區別。

在二幕二景，當哈姆雷特問起近來劇壇的狀況時，莎士比亞讓他的童年玩伴羅森克蘭茲

（Rosencrantz）回答：近來有個新趨勢（late invention）（2.2.334），是一群羽翼未豐的小雛鷹（little eyases）（2.2.340）成了大受歡迎的新時尚，甚至威脅了一般演員的生計。他也提到，那些為兒童演員寫劇本的作家「讓配劍的紳士怕了他們的鵝毛筆」（many wearing rapiers are afraid of goose-quills）（2.2.344）。

哈姆雷特質疑：這些作家的行徑是對兒童演員的誤用，難道不是害了他們的未來嗎？（their writers do them wrong to make them exclaim against their own succession?）（2.2.351-2）羅森克蘭茲告訴他：反正國家不認為挑起爭議（tarre them to controversy）（2.2.354-5）是罪惡，很多觀眾不看詩人與演員打起來，還不願意付錢呢！

在這段對話中，莎士比亞對「劇場戰爭」中的作家與兒童演員不以為然的態度，可以一窺端倪。

只是原來吉德的劇本已經亡佚，所以無法確知莎士比亞到底做了多少更動。但從他的劇本讓我們知道，這個在1600年「劇場戰爭」期間完成的《哈姆雷特》，已經不再是復仇悲劇的風格了。

沒有渲染流血與陰謀，這個劇本從起始的第一句話：「誰在那裡？」（Who's there?）（1.1.1）就充滿了質問。他的主角更是鼓脹著懷疑的精神，除了思考，不接受任何外在的權威，以致於說出：「沒有什麼絕對的好與壞，只是思考做了判斷。」（There is nothing either good or bad, but thinking makes it so）（2.2.251-2）

他不相信人（所以裝瘋賣傻，不跟任何人訴說心事）；不相信鬼（鬼魂父親對謀殺自己兇手的指控，他還要利用「戲中戲」驗證）；甚至在一連串的質問後，他不相信自己，而問出了那句知名的台詞：「存在，還是不存在？那是個問題。」（To be, or not to be; that is the question）（3.1.58）

懷疑的力量在莎士比亞這裡，不是透過諷刺嘲弄向外投射，而是朝內對自己反省，追問自己存在的意義。這是非常勇敢但也可怕的選擇，因為不斷質疑的結果，是發現人的本質莫如塵土（quintessence of dust）（2.2.310），不管生前有多少豐功偉業。當自己的存在也成為懷疑的對象時，自己終究會從存在中疏離出來，無所依歸，像哈姆雷特承認

的：「像我這樣的傢伙，只能在天地之間匍匐爬行嗎？」（What should such fellows as I do crawling between heaven and earth?）（3.1.129-31）

把懷疑的攻擊轉向內在的探索

不知道是權威的隕落鼓勵了懷疑的成長，還是懷疑腐蝕了權威，或許互為因果吧！但懷疑的力量推動社會的變革時，人的內在不可能平靜無波，只是願不願意面對。嘲弄與賣弄犬儒很容易，但將懷疑的力量導向內在，則是辛苦又困難的選擇。

或許，這也是為什麼莎士比亞一生只寫了一個像《哈姆雷特》這樣的劇本——這麼徹底的質疑，對精神與體力的負荷實在太大了。特別在一個宗教意識因為新、舊教對抗而更為敏感的年代，哈姆雷特的懷疑，無疑轟炸了宗教信仰為人生規範的架構。

想想，當「沒有什麼絕對的好與壞，只是思考做了判斷」這句台詞在舞台上迸發時，對那些一直相信「世界上有絕對的好與壞，因為上帝已經做了判斷」的觀眾，這像是在他們心中投下了一顆原子

彈。受到挑釁的不快、憤怒，或許一時，但情緒沉澱後，如果願意面對，那隱約中體現的不安，會漸漸成了同意，會在內心產生深深的共鳴。很深，以致於它會成為信念，推動一個時代的變革。

「沒有什麼絕對的好與壞，只是思考做了判斷。」當我們今天不費力氣地同意這句話時，我們大概忘了，對於一個1600年住在倫敦的劇作家，寫出《哈姆雷特》這樣一個劇本，是需要很高的叛逆性才願意承擔的挑戰。

其他劇作家呢？喔，他們還忙著寫尖酸諷刺的城市喜劇，嘻笑怒罵地向觀眾賣弄聰明，藉著批評時事與社會現象幫觀眾搔癢。

常說「態度決定高度」，看著泰晤士河北岸熱熱鬧鬧的劇場戰爭與城市喜劇的風行，恐怕在南岸的莎士比亞已經有了定見：不，不寫城市喜劇！

Things Shakespeare Never Did

O5

· · ·

莎士比亞不給答案

露天劇場教會莎士比亞的事：給觀眾問題比給答案重要

劇場，一個新興的公共論壇

　　看一齣戲，如果我們保有一種樸實的態度，不以鑑賞家或劇評人自居，那大概只需要問自己：「這齣戲與我有什麼關係？」如果有，那就再多問一下：「這個與我有關的部分，是否可以讓我想一想？在離開劇場之後，幾天之後，甚至幾年之後？」

　　但這種樸實的態度，最怕遇上一種惱人的狀況，就是一齣戲的編導不斷想給觀眾答案：或者高姿態地提供某種哲學道理，指點人生迷津；或者佯裝妄自菲薄，諷刺社會，間接推銷某種「政治正確」的觀點。「文以載道」的觀念可以使文章擲地有聲，但一旦溜入戲劇，反而限縮了觀眾思考的空間。

　　在今天意見相對多元的環境下，對某個爭議的問題給答案，總會引起同意或不同意，也難免產生黨同與伐異。這樣的效應放到市場行銷上，給答案則成了篩選與培養觀眾的手段，讓習於被動地接受答案的觀眾，找到自己的歸屬。

　　莎士比亞的時代也是同樣的眾聲喧譁：文藝復興

的風潮挑戰了基督教的世界觀，宗教改革又在如何詮釋教義、儀式與制度上，帶來各種歧見；政治上的不滿與算計更是詭譎。這些爭論與關心，不只在貴族與知識分子之間，它們也屬於人民。

那時沒有報紙、電視、網路，劇場做為一個新興的公共論壇（forum）──就是在教堂之外，另一個眾人可以聚在一起討論公共議題的地方，自然成了這些爭議的匯集之地。那麼，在裡面討生活的劇作家，要如何用自己的劇本，去面對這個充滿爭論的時代？

很多學者都形容莎士比亞的劇本有一種曖昧、模稜兩可的面貌。換言之，莎士比亞的劇本不給答案。

為什麼他會發展出這種特殊的面貌？其他的劇作家呢？要探究這些問題，我們可以從一系列神秘的出版品開始。

馬丁・馬爾普雷特事件

1588年10月到1589年間，當莎士比亞剛到倫敦不

久，或來到倫敦不久之前，英國陸續出現了一系列的小冊子（pamphlet 或 tract），作者全都署名馬丁・馬爾普雷特（Martin Marprelate）。這已被證明只是一個化名，但實際上是誰，迄今沒有學者能確定，只知道作者應該是個很有影響力的清教徒。

這些小冊子都是非法出版，內容則是對英國國教的抨擊，特別是它仍然沿襲天主教教會的主教制度（Episcopacy）。在這個制度下，大主教（Archbishop）與主教（bishop）仍有很高的權力。譬如，1586年通過的法令，讓他們有權力審查所有的出版品，包括清教徒比較極端的主張與攻擊英國國教的言論。不意外地，在這一系列化名出版的小冊子中，大主教約翰・惠特吉夫特與英國其他地區的主教們，都成了馬丁・馬爾普雷特攻擊嘲弄的對象。

馬丁・馬爾普雷特的文字充滿諷刺、辛辣的語調，甚至人身攻擊。譬如，當攻擊約翰・惠特吉夫時，會有這樣的句子：

「約翰，約翰，上帝的恩典，上帝的恩典，上帝的恩典：親切的約翰，不是邪惡的約翰，而是

親切的約翰。約翰，神聖的約翰，神聖的約翰，不是一身是洞的約翰，而是神聖的約翰。」（John, John, the grace of God, the grace of God, the grace of God: gracious John, not graceles John, but gracious John. John, holy John, holy John, not John full of holes, but holy John.）

這種文字很容易會讓無關的讀者發噱，讓當事人震怒，在當時引起不小的騷動。政府一邊四處搜捕作者與印刷者，一邊也雇用文人寫文章回擊。約翰‧利利（John Lyly）、羅伯特‧格林（Robert Green）、托馬斯‧納什（Thomas Nash）這三位念過大學的作家，都加入了這場筆戰，出版小冊子反駁馬丁‧馬爾普雷特。

但更引起我注意的，是他們也寫劇本。約翰‧利利以一種華麗的「尤佛伊斯」（euphuism）文體出名，他的喜劇《愛的變形》（*Love's Metamorphosis*）曾經影響過莎士比亞的《愛的徒勞》。

羅伯特‧格林是當時很受歡迎的作家，雖然也寫劇本，但他的小冊子更受矚目，特別是描寫詐騙集

《四便士的才智》扉頁。

團（conny-catching）的故事。不過，他在今天會被記得，多半是因為他在《四便士的才智》（*Groats-Worth of Wit*）中嘲笑了莎士比亞，認為他是「用我們的羽毛美化自己的暴發戶烏鴉」（upstart crow beautified with our feathers）。

托馬斯·納什比莎士比亞還小幾歲，但很多學者相信，莎士比亞的《亨利六世第一部》應該是與他合寫的。

當莎士比亞剛進入倫敦劇壇時，他一定聽過馬丁·馬爾普雷特帶來的爭議，甚至可能讀過彼此攻訐的兩方所寫的小冊子。但莎士比亞並沒有和這三位作家，或是許多其他同代的作家一樣，一邊寫劇本，一邊寫小冊子為文表述自己的立場，甚至加入黨同伐異的爭辯，用自己的答案去否定別人的答案。

終其一生，他沒有捲入「劇場戰爭」，也沒有因為文章或劇本開罪當道而入獄，甚至在劇本與十四行詩之外，沒有用過其他的方式發表他的意見或觀點。所有他豐富多元的意見與想法，不是化成詩歌，就是透過劇中角色之口，而不是用莎士比亞的身分，直接訴求他的讀者或觀眾。

是莎士比亞個性低調，或是深諳明哲保身之道嗎？（還記得〈莎士比亞不高調〉中，倫敦橋上的人頭嗎？）或是他沒念過大學，沒有知識分子的使命？或是他在新教當道的狀況下，隱隱同情天主教被打壓的處境？都有可能。

但他的劇本之所以顯得模稜兩可、不給答案，我更認為跟下頁這個空間有關。

1997年重新開幕的環球劇院，可以遙想莎士比亞當年露天劇院的樣貌。

（達志影像 提供授權）

劇院座位透露的秘密：來自各階層的觀眾

這是今天座落在泰晤士河南岸，於1997年重新開幕的環球劇院。當然，拜現代科技之賜，比起1599年原來的劇場，重建的環球劇院多了排水系統（比較衛生）、消防設備（比較安全，環球劇院在1613年演出《亨利八世》〔*Henry VIII*〕時不慎燒毀，第二年重建），後台也有空調（比較舒適）。

除了硬體的差別外，事實上，莎士比亞當年工作的地方究竟什麼模樣，我們也只能推測，根據卻是薄弱的可憐：一個叫做約翰納·德·維特（Johanna de Witt）的荷蘭觀光客在1596年畫了一張「天鵝」（The Swan）劇院的素描，就成了對當年的公共劇院所有想像的起點。

從照片到素描，我們像是在時光中回到過去，重新對當年公共劇院的基本結構與型態，略窺一二。

我們知道劇場是露天的，因為在沒有電的時代，日光是演出時免費的照明。突出的舞台可以被買站票的觀眾包圍，他們站在天井（yard或pit）中，被哈姆雷特輕蔑地稱為groundlings。這個字原意是一

荷蘭觀光客約翰納‧德‧維特在1596年所繪天鵝劇院的素描。

群魚，因為站著看戲的觀眾太入神時，瞠目張嘴、下巴垂垮的模樣，就像一群浮出水面的魚。這個字演變至後來，就泛指文化程度與欣賞品味不高的觀眾。

站票只要一便士，差不多是一條麵包的價錢。如果受不了人擠人時會聞到的汗臭味、大蒜味與啤酒

味，或是對滿地的堅果殼或沙塵無法忍受，多付一便士，就可以到環繞劇場四周的迴廊（gallery）與包廂（box），一樓到三樓都有，裡面只賣坐票，也有屋頂可以遮雨（或從天而降的鴿子糞便）。如果想要更舒服些，可以再加一便士租個坐墊。稍有經濟能力的人就會買這裡的位子，除了舒適，也可以在身分上與站票觀眾有所區別。

坐票與站票，不但區別了觀眾的經濟能力與社會地位，在教育不若今日普及、更沒有今日便宜的年代，經濟能力也區別了教育水準。教育水準的高低，也區別了理解能力與感性能力對一個人的比重，區別了反省偏見與固守偏見……，而他們並存在同一個空間中，正是莎士比亞在職涯初期，也就是在他剛剛開始學習寫劇本時，就必須面對的處境。

事實上，劇場是英國社會最具體而微的縮影。不像今天劇場製作會因應客群的分眾化，做為當時唯一的公共媒體，劇場兼容並蓄，吸引了社會各種階層的人前來，從僕人、學徒、販夫走卒，到貴族與知識分子（當然，清教徒除外）。

特別是在自然光的照明下，觀眾是被看見的。從他們一走進劇場，身上的穿著打扮、選擇的位置，很快地預告了他們的身分；在戲劇進行中，他們不同的反應，也不斷透露了自己的態度與立場。觀眾是來看戲的，但在演員的眼中，他們一樣無所隱藏。

因此，當莎士比亞躲在舞台側幕，觀察觀眾的反應時，他不難明白比起教堂、市集、宮廷等其他場合，眼前這個地方匯集了各種衝突的意見與對立的立場，是一個同時容納各種矛盾的集合體。

在矛盾的敏感空間滿足所有觀眾的手段

為了票房，劇場當然希望觀眾愈多愈好，而演出能深入他們關心的事，有所共鳴，是那時與現在的劇場人為了爭取觀眾都會走上的一途。只是關心愈深入，爭議也愈容易發生。

莎士比亞應該不難發現，要在這樣一個包含矛盾與衝突的敏感空間中討生活，最不聰明的方法，就是對某項爭議陳述一個自以為正確的答案。這樣

做，或許會吸引一部分人的認同，但註定會排除反對的觀眾。當然，也有無傷大雅的作品可以避開這些深具爭議的關心，但這樣做就算可以滿足票房，以創作企圖來說，則顯得方便行事。

正是因為不同觀眾的立場並存在這個空間中，為了滿足他們，任何確定的答案都被相對化，也就是說，不像小冊子的評論文字具有明確的針對性，有種「你是錯的，我是對的」的絕對態度。

莎士比亞的劇本中，在一個觀點下看起來明確的對與錯，換個觀點，則顯得沒那麼確定了，觀眾很容易產生「這是對的，但相對來說，好像又不太對⋯⋯」的疑問。

如此，莎士比亞的戲劇往往有一種「雙重面貌」（double vision），就像常見的3D貼紙，用一個角度看是一個畫面，換個角度看，則會呈現另一個畫面。

這讓他的劇本，不論是語言、劇情，甚至角色的塑造，常會呈現一種模稜兩可（equivocation）的特質，讓比較感性、喜歡感情用事的觀眾（譬如那群groundlings），從中得到他們想要的答案（不管

是不是偏見），有所滿足；但對比較理性、喜歡思索反省的觀眾，這些相對化後模稜兩可的劇情或關係，卻是向他們提出了問題，引起反省與思考。

模稜兩可是讓不同觀眾各取所需最好的方式。換句話說，恐怕對莎士比亞而言，劇本寫作本身就是一種追求不確定性的藝術，而不是確定性。

當然，莎士比亞一定要花上一段時間，才能慢慢摸索出上面的道理。在他早期的劇本中，殘忍血腥的復仇悲劇（如《泰特斯‧安德洛尼克斯》），誤會巧合交織的喜劇（如《維洛那二紳士》、《馴悍記》、《錯誤的喜劇》），陰謀算計的宮廷鬥爭（如第一次歷史四部曲，包括三部《亨利六世》與《理查三世》），仍然是他訴求觀眾的手段。

深入觀眾的關心，面對爭議，對於他的寫作技巧與眼光來說，像是還無力觸及的挑戰。儘管如此，模稜兩可的語言卻已是他唾手可得的手段。

模稜兩可的語言與劇情表現

1589年，喬治‧普登漢姆（George Puttemham）

的《英國詩歌藝術》（*The Art of English Poetry*）一書出版，這是伊莉莎白時代對詩歌的創作與評論最重要的指南，也是身為詩人的莎士比亞幾乎不會錯過的一本書。其中，普登漢姆在「曖昧言詞」（amphibologia）一章中就提到：「我們用含糊的方式說或寫，那麼寫出的意思就會有兩種方式來解讀。」（We speak or write doubtfully and that the sense may be taken two ways.）

像是對這段話的回應，約在1590年左右，莎士比亞在《亨利六世第二部》的一幕四景中，就讓約克公爵唸出一段女巫寫下的預言，其中有一段曖昧的拉丁文："Aio te Aeacida Romanos vincere posse"（1.4.62-63）意思可以是：「他將征服羅馬人」或者「羅馬人將征服他」。

當莎士比亞在1606年執筆寫《馬克白》，使用這種模稜兩可的語言去塑造女巫的預言，還有其他角色心虛又閃爍不定的應答時，他這方面的技巧早已駕輕就熟了。

逐漸地，模稜兩可的特質從語言進化到劇情的安排上，也讓莎士比亞能逐漸深入觀眾的關心。

當羅密歐與茱麗葉雙雙自刎在舞台上時，這的確是個撞擊情感的時刻，讓人惋惜、心碎，對當時與現代的觀眾來說，《羅密歐與茱麗葉》一直是浪漫愛情悲劇的代表。另一方面，對當時飽經宗教鬥爭之苦的觀眾來說，當劇本一開始就說明有兩個家族為了亙久的怨恨（ancient grudge）彼此爭鬥不休時，他們很難不警覺到一個問題：持續鬥爭導致讓下一代受苦，甚至生命殞逝，是否值得？

《威尼斯商人》夏洛克的獨白

當整個倫敦社會瀰漫著對猶太人的歧視時，《威尼斯商人》中放高利貸的猶太人夏洛克（Shylock），先是以嚴苛的條件讓還不出錢的基督徒安東尼歐（Antonio）在法庭上難以立足，非割下一磅肉抵債不可，卻又被女扮男裝的波西亞（Portia）以智計駁倒，人財兩失。

這個下場讓基督徒對猶太人佔盡了上風。但細心的觀眾看著劇中基督徒們的行徑（借錢求愛、頻頻宴會，還誘拐夏洛克的女兒私奔等），恐怕不盡然

會在道德觀上同意這些基督徒。

更令人有些為難的，是莎士比亞將劇本中最動人的一段台詞給了夏洛克，成了《威尼斯商人》在後來演出時最重要的「亮點」：

……他（指安東尼歐）曾羞辱我，

害得我損失幾十萬，笑我的損失，

譏諷我的盈利，嘲弄我的民族，

妨礙我的買賣，離間我的友好，

挑撥我的仇人，為了什麼緣故呢？為了我是一個猶太人。

猶太人沒有眼嗎？猶太人沒有手、五官、

四肢、感覺、鍾愛、熱情？

猶太人不是吃同樣的糧食，受同樣武器的創傷，

生同樣的病，同樣方法可治療，

同樣的覺得冬冷夏熱，

和基督徒完全一樣嗎？你若刺我們一下，我們能不流血嗎？

你若搔著我們的癢處，我們能不笑嗎？

你若毒害我們，我們能不死嗎？

你若欺負我們，我們能不報仇嗎？

我們若在別的地方都和你相同，那麼在這一點上我們也

和你們一樣。

如果一個猶太人欺負了一個基督徒，他將怎樣忍受？報仇。

如果一個基督徒欺負了一個猶太人，按照基督徒的榜樣，

他將怎樣忍受？哼，也是報仇。

你們教給我的壞，我就要實行，

我若不變本加厲地處置你們，那才是怪哩。

英文如下：

…He hath disgraced me, and

hindered me half a million; laughed at my losses,

mocked at my gains, scorned my nation, thwarted my

bargains, cooled my friends, heated mine enemies; and

what's his reason?—I am a Jew. Hath not a Jew eyes?

Hath not a Jew hands, organs, dimensions, senses,

affections, passions; fed with the same food, hurt with

the same weapons, subject to the same diseases, healed

by the same means, warmed and cooled by the same

winter and summer, as a Christian is? If you prick us

do we not bleed? If you tickle us, do we not laugh? If

you poison us, do we not die? And if you wrong us,
shall we not revenge? If we are like you in the rest,
we will resemble you in that. If a Jew wrong a Christian,
what is his humility? Revenge. If a Christian wrong a
Jew, what should his sufferance be by Christian
example? Why, revenge. The villany you teach me I
will execute, and it shall go hard but I will better the
instruction. (3.1.50-68)

　　在人權、平等這些觀念還很陌生的時代，這樣的獨
白由一個猶太人在舞台上說出來，等於對種族歧視的
偏見提出質問。很多觀眾會在離開劇場時為基督徒的
勝利心滿意足，但是對一些敏感的觀眾來說，當他們
偶爾想起這段獨白時，恐怕還是在困惑中帶點隱隱刺
痛。

在上帝的天空下，所有人間的答案都有偏限

　　莎士比亞不給答案，除了因應觀點彼此衝突的觀
眾在劇場齊聚一堂外，他服務的劇場空間，還用別的

方式啟示他不給答案、提出問題的重要。請回到前面劇場的照片，露天的空間除了引入自然光外，還有一個我們不會在意，卻對當時的人非常敏感的地方。

我們這群活在哥白尼（1474-1543）、伽利略（1564-1642）與牛頓（1642-1726），甚至愛因斯坦（1879-1955）等物理學家之後，深受現代天文物理學洗禮的人，對空間的意識是與價值分離的。高低、距離、廣袤等，都是中性的物理特質，可以抽象化成數字。

但在宗教衝突激化宗教意識的年代，對空間的看法，總是與宗教的想像相連，並不是獨立中性的。譬如，上帝總是在「上面」，在天空；地獄與撒旦則是在「下面」——在公共劇院的舞台地板上，有一個「陷阱門」（trap door），所有的鬼魂（包括哈姆雷特的鬼魂父親）都必須從那邊進出。

這種對空間的想像，甚至在中世紀的神學中得到強化。基督教將世間萬物的存在，排比在一種階層化的空間中，稱為「存有的巨大鎖鏈」（The Great Chain of Being）。在這裡，最上面的是上帝，最

存有的鎖鏈圖。

下面的是沒有生命的生物，在這個上帝創造的宇宙中，萬物各安其位。上與下，不啻是空間上的差異，更是存在價值的優劣。

在這個露天的劇場裡，人們在直覺上就與天空相連，所以觀眾的宗教／空間意識相對敏感。當舞台上演出祈禱等儀式性的宗教行動時，這種根深柢固在腦中的意識，很容易將這個本是提供娛樂的空間，轉化成一個像教堂一樣的地方，警覺到無所不在、無所不知的上帝就在上面，召喚祂親臨現場。

相對於上帝的全知全能，所有人間的答案都有侷限，這是莎士比亞與他的觀眾自小就熟悉的觀念。

事實上，莎士比亞唯一一個劇名取材自《聖經》的劇本《一報還一報》（*Measure for Measure*，或譯《量‧度》），正是用來闡明這個觀點。

這個劇名起源自《馬太福音》第七章的一、二節：「你們不要論斷人，免得你們被論斷。」（Be not judges of others, and you will not be judged.）「因為你們怎樣論斷人，也必怎樣被論斷；你們用什麼量器量給人，也必用什麼量器量給你們。」（For in the same way you judge others, you will be judged, and with the measure you use, it will be measured to you.）

　而在別的章節中，《聖經》清楚地告訴人們，對人的「論斷」（judge）與「度量」（measure），是屬於上帝的權力，沒有任何人的答案可以取代，甚至僭越。

　當莎士比亞讓他筆下的壞人——譬如《理查三世》中滿手血腥的理查三世，或是《哈姆雷特》中弒兄篡位的國王克勞底亞思（Claudius），在舞台上進行禱告時，他們屈膝仰望之姿，呼喚上帝之詞，同時也啟動了觀眾的空間／宗教意識，將那個露天的劇場空間轉變成一個彷如上帝親臨之所。（回憶一下拜訪過的廟宇或教堂，就算不是信徒，也會感受到神聖莊嚴的氣氛，不敢造次。）

　在這裡，莎士比亞像是對觀眾，特別是在上帝之前仍然謙卑的觀眾，提出一個問題：眼前禱告者的罪愆，是我們可以赦免的嗎？即便他們的惡行完全不見容於人間的律法？

看《理查二世》對「君權神授」的質問

當伊莉莎白女王的生命與權威都走到末期，面對紛至沓來的質疑時，莎士比亞開始寫他的第二次歷史四部曲（《理查二世》、《亨利四世第一、二部》和《亨利五世》）。這一次，這個可以「直達天聽」的劇場空間，為他提供了視野，讓他可以跳脫宮廷鬥爭與權謀的老路，重新對「君權神授」（the divine king），還有權力、人民、統治等攸關一個國家根本存廢的觀念，提出疑問。

《理查二世》就是這系列大哉問的起點。

理查二世不是個好國王，即便他長相俊逸，文采風流（劇中最好的詩行都給了他），但受命於神的觀念，讓他成了被上帝寵壞的孩子，十足地自我感覺良好，對貴族們做出輕率不公的決定，導致離心離德，最後波林布洛克（Bolingbroke，即後來的亨利四世）甚至起兵叛變。

奇怪的是，當他被叛軍包圍、四面楚歌、援軍盡沒之際，卻沒有叛軍膽敢在這個狀況下趨前冒犯，因為即使大勢已去，他還是上帝任命的君主，具有

神聖性（divinity）。當身旁的人建議他卑躬屈膝，
向波林布洛克求和時，他對著上帝（事實上是在舞
台上對著天空），說了這段獨白：

喔，上帝，上帝啊！那是我的舌頭，

曾對那邊那個得意的人，下了可怕的放逐之令，

現在卻要再收回來，用上逢迎諂媚的言語！

喔！願我像我的憂傷一樣偉大，

又比我的名字渺小。

不然，讓我忘記一直以來的本色；

不然，別讓我記得非此不可的下場！

高傲的心，你漲得難受吧？我會給你空間去擊打，

既然敵人也找到空間來打擊你和我。

……

現在這個國王該做什麼？必須順從嗎？

這個國王會這樣做；他必須被廢掉嗎？

這個國王會心滿意足的；

他必須失掉國王之名嗎？隨它吧。

我願拿珍珠換一串唸珠，

我華麗的宮殿換一方隱地，

我明豔的華袍換一襲濟貧者的粗衫，

我雕飾的酒杯換一個木盤，

我的權杖換一根朝聖者的拐杖，

我的臣民換一對聖者的雕像，

還有我廣大的王國換一座小小的墳墓，

一座很小很小的墳，一座微不足道的墳。

不然就讓我埋在國王大道上，

路上熙來攘往，臣民的腳步

時時刻刻踐踏在他們君主的頭上，

一如當我還活著，他們踩踏了我的心，

那一旦埋了，為何不踩頭呢？

……

英文是：

KING RICHARD II

O God, O God, that e'er this tongue of mine,

That laid the sentence of dread banishment

On yon proud man, should take it off again

With words of sooth! O that I were as great

As is my grief, or lesser than my name!

Or that I could forget what I have been,

Or not remember what I must be now!

Swell'st thou, proud heart? I'll give thee scope to beat,

Since foes have scope to beat both thee and me.

...

What must the king do now? Must he submit?

The king shall do it: Must he be deposed?

The king shall be contented: must he lose

The name of king? A God's name, let it go:

I'll give my jewels for a set of beads,

My gorgeous palace for a hermitage,

My gay apparel for an almsman's gown,

My figured goblets for a dish of wood,

My sceptre for a palmer's walking staff,

My subjects for a pair of carvèd saints

And my large kingdom for a little grave,

A little, little grave, an obscure grave;

Or I'll be buried in the king's highway,

Some way of common trade where subjects' feet

May hourly trample on their sovereign's head;

For on my heart they tread now whilst I live;

And buried once, why not upon my head?

... （3.3.132-40；3.3.142-56）

就文字本身，這不會是莎士比亞寫過最好的獨白，但在那個上帝親臨現場的空間中，在仍然相信「君權神授」的觀眾眼中，這可能是他寫過最挑釁的宣言之一。因為他們看見理應是上帝在人間代理人的國王，正在訴說自己的不幸，抗拒他被賦予的角色，甚至指責人民。

上帝難道不該為理查的命運負責任嗎？當統治基礎來自上帝而非人民時，君主可以請辭，要求「換人做做看」嗎？相信上帝的人民，真的可以踩在君主的心上、頭上嗎？……。這裡是一場理查與上帝的對質，帶來的問題，不可迴避地流竄在現場每個觀眾的心中。

從露天劇場走入室內劇場，他退休了

《理查二世》之後，至少在他比較嚴肅的劇本中，只提問題卻不給答案，似乎成了莎士比亞的傾向。特別在他寫完最後一個喜劇《第十二夜》之後，幾乎每一個劇本都有真實而深入的問題，來激起觀眾的思考。

這當然與公共劇院（特別是1599年以後的環球劇院）一直是莎士比亞創作的重心有關。就算許多劇本首演的地方是宮廷，但不給答案的「雙重面貌」，仍是莎士比亞在這些劇本中慣見的策略，適用於宮廷觀眾（特別是國王詹姆士一世〔King James I〕），也方便在稍後移回公共劇院演出。

畢竟，莎士比亞是在這個空間中養成了劇本寫作的技術，也是他深入觀眾關心的法門。但在他退休的前四年，他的工作環境有了重大的轉變。

1609年，莎士比亞的劇團收回長期租借給兒童劇團的黑僧侶劇院，決定冬天使用這裡演出，在環球劇院受天候影響必須關門的狀況下，增加新的票房收入。但因為爆發瘟疫，一年後才開始自行營運。

儘管位子不多（估計只有五百個左右），但由於票價高，所以票房收入反而超過環球劇院。再加上觀眾的教育與文化程度也高，劇團決定將經營的重心逐漸移向這個室內劇院。

　　莎士比亞的確在晚期的劇本中，為此劇院做了一些調整，譬如，在《冬天的故事》（*The Winter's Tale*）中特別強調照明的驚人效果，或是在《暴風雨》（*The Tempest*）中使用更多的串場音樂。

　　但這裡的觀眾同質性太高，而且與穹蒼隔絕，莎士比亞在公共劇院中擅長的手法，這裡都無用武之地。1613年，莎士比亞退休，告老還鄉。

　　無法確定莎士比亞退休的原因，是不是真的如《暴風雨》中的主角普洛斯彼羅（Prospero）所說：「現在，我的魔法用完了。」（Now my charms are all o'erthrown）（Epilogue.1）但室內劇場空間對他帶來的挑戰與限制，也不能低估。

　　黑僧侶劇院主要用蠟燭照明，還有從窗戶流入的自然光。在天氣陰暗或日照過短時，為了節省蠟燭的成本（當時頗高），除了舞台前緣上方的大蠟燭吊台外，劇團不會點燃在觀眾席上方或兩旁的燭

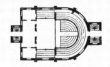

山姆·沃納梅克劇場
Sam Wanamaker Theatre

2014年1月，緊鄰在環球劇院旁的山姆·沃納梅克劇場（Sam Wanamaker Theatre）開幕，這是一個仿古的室內劇場，全部用蠟燭照明，但只有原來黑僧侶劇院的三分之一。我曾親自問過館方人員，山姆·沃納梅克劇場舞台前緣的上方蠟燭吊台，雖然可以照亮現場所有的觀眾，但在當年的黑僧侶劇院則不太可能。

火。換言之，很有可能，觀眾在看戲時會被關在黑暗中。

在室內，又在黑暗中，這是今天觀眾再熟悉不過的處境，也理所當然地用這個視角來看待莎士比亞的作品，不管是在劇場還是電影院。我們很容易遺忘，這個視角對莎士比亞從來沒那麼理所當然；更容易忘記，在公共露天劇場中原有的矛盾與宗教性。

別忘了，莎士比亞的劇本是一種提問題的技術

有點諷刺的是，今天人們不斷地引用莎士比亞的話，將他的台詞從劇本中的脈絡切割出來，變成勵志的座右銘或智慧的人生雋語，彷彿莎士比亞為我們的人生提供了許多答案，再用「莎士比亞是偉大的」、「莎士比亞反映共通的人性」這樣的讚歎來進行一場造神運動；卻忘了莎士比亞的劇本是一種提問題的技術，甚至藝術，而且在那個上帝可能親臨的劇場空間裡，他是再謙卑不過的一個人而已。

寫那些充滿答案的小冊子，恐怕不比模稜兩可的

語言更吸引他。或許，唯一我們該好好記下的莎劇台詞，就是最有名的那句：To be, or not to be; that is the question...

Things Shakespeare Never Did

06

◆ ◆ ◆

莎士比亞不寫宮廷假面舞劇

新時代衝擊下，

一位擇善固執的劇作家與晚期創作

天價製作、排場豪華的《黑色假面舞劇》

　　1605年1月6日傍晚，有六百多人陸續來到宮廷所在的「白廳」宴會廳（Banqueting House），準備觀賞這個耶誕假期（Christmastide）中最被期待的表演，一齣叫做《黑色假面舞劇》（*The Masque of Blackness*）的宮廷假面舞劇（court masque）。

　　在宮廷與貴族家中，每當遇上婚宴、節慶或外交使節來訪等重要場合，假面舞劇一直是最流行的表演。它的根源可以追溯到中世紀，卻在16、17世紀的歐洲開始大行其道，特別是義大利。

　　至於英國這個當時在文化上屬於相對落後、仍在仰望歐陸先進時尚與思潮的國家，則是在亨利八世時就跟上流行，鼓勵假面舞劇的發展。算起來，它開始發展的時間比戲劇還早。

　　假面舞劇的重點在於音樂、舞蹈、舞台景觀與豪華排場，至於故事，則多利用觀眾已熟稔的寓言或神話。如此，在劇情的高潮或關鍵時刻，演員可以邀請現場最尊貴的觀眾參與其中，扮演共識中必然出現的角色（通常是最有權力的），然後象徵性地

或解決爭端，或賜予祝福等等——這免不了有奉承迎合的味道。

此外，在女性不可以在公共劇院演戲的年代，假面舞劇允許女性登台，這當然成為一些貴族仕女炫耀裝飾、滿足虛榮的良機。

《黑色假面舞劇》也不例外。扮演十二位黝黑女神的女演員，其實是新王朝的安妮皇后（Queen Anne）與她的女侍們。在劇中，她們正為自己的外貌所苦，直到她們找到不列塔尼亞（Britannia）這個國家，也就是英格蘭。那裡有位像太陽一樣的統治者，可以將她們漂白，恢復美貌。不難猜到，最後這位解救眾女神的國王，就是女王伊莉莎白在1603年過世後，繼承英國王位的詹姆士一世。

莎士比亞當然知道假面舞劇與它在特殊場合中擔負的功能。早在《仲夏夜之夢》中，當雅典國王忒修斯（Theseus）在自己的婚禮上問大臣有什麼娛樂時，他問的是：「來吧，是否有些假面舞劇和舞蹈以供消遣？」（Come now: what masques, what dances shall we have?）（5.1.32）以及「有什麼假面舞劇和音樂？我們怎麼消磨這遲緩的時間，要

由英尼格・瓊斯設計的《黑色假面舞劇》服裝素描。

是沒有什麼開心的娛樂？」（What masques, what music? How shall we beguil / The lazy time if not with some delight?）（5.1.40-41）

事實上，《仲夏夜之夢》本身就是一齣為了貴族婚宴而寫的劇本，假面舞劇的特色在這齣戲中一應俱全；但是今晚《黑色假面舞劇》的演出，除了觀賞幾位劇團同事如何在台上為這群貴族業餘演員抬轎外，跟莎士比亞一點關係也沒有。

《黑色假面舞劇》之所以在這次耶誕假期間甚受矚目，除了皇后親自演出外，另一個原因是它空前的製作規模：這齣假面舞劇排練數月，卻只演出一場，耗資大約2000英鎊。

這個金額究竟有多大，可以比較下面的數字：環球劇院的造價不過600英鎊（約莫一個工匠四十年的收入）；一個小學老師二十年的薪水，大概440英鎊；一個新劇本大約值6英鎊，但如果劇作家也是劇團股東，那加上票房的紅利，可以到14.5英鎊（約莫一個工匠一年的收入）。

2000英鎊，不管是對個人荷包，還是對製作預算，這個天文數字對每個劇場中有野心的夢想家來

說，都是很難抗拒的誘惑。

成為「國王劇團」首席編劇的莎士比亞

莎士比亞的確有理由不在乎錢了。1594年，他成了劇團的股東，使他可以從劇場這個熱門生意中致富；1597年，他以60英鎊買下家鄉第二大的房子「新地」（New Place）；1599年，他更成為環球劇院的股東，收入不只倍增，也讓他持續在家鄉與倫敦兩地置產。儘管撰寫宮廷假面舞劇的報酬甚豐，但金錢顯然不是莎士比亞創作的目的。

御前獻演呢？這有助於社會地位的提升，或者更露骨地說，一個討國王與貴族歡心的好機會。

關於地位，莎士比亞已經有了。他在1596年就申請了自己的家徽（coat of arm），正式晉升仕紳階級，完成他父親的願望。

1603年，詹姆士一世甫即位，就宣布了他的劇場管理政策。先是公共劇院不准在週日演出，這等於短少一天的收入，讓劇團叫苦連天；但一週後的第二道命令，則讓劇團驚喜異常：詹姆士一世親自擔

任莎士比亞劇團的庇護人，劇團也從此改名叫「國王劇團」（The King's Men），直譯的話，劇團成員就是「國王的人馬」。在封建制度下，莎士比亞等於是國王的家臣（retainer）了。

做為「國王劇團」的首席編劇，莎士比亞不乏御前獻演的機會。就在《黑色假面舞劇》演出的十二天前，1604年的12月26日，劇團才在「白廳」的另一個空間「大廳」（Great Hall），上演了他在詹姆士一世時期寫的第一個劇本《一報還一報》；甚至再早一點，11月初，同樣在宴會廳，也在國王面前演出他在伊莉莎白時代最後的一個劇本《奧賽羅》。

國王的青睞與社會地位，顯然都不再是莎士比亞渴望的東西了。

如果認為莎士比亞沒有寫假面舞劇的能力或技巧，恐怕更難令人置信。《黑色假面舞劇》全劇約300行，莎士比亞隨便哪個劇本的一場戲，往往就不只這個數字了。其中99行是舞台指示，47行是搭配舞蹈的歌詞，163行是朗誦的詩行。許多當時的文獻都表示，當晚真正的主角是舞蹈，追求的是景觀的

榮耀與華麗。

以莎士比亞在當時文壇的聲望，還有做為國王麾下劇團的一員，很難想像他沒有接過為宮廷撰寫假面舞劇的邀請。但顯然地，莎士比亞拒絕了。

他的創作不用再考慮金錢與地位，假面舞劇所需要的技巧更不足以成為對他的挑戰。在那晚看完《黑色假面舞劇》，離開白廳回家的路上，很有可能，莎士比亞在踽踽獨行中，懷抱了些許對奉承與歌功頌德的不屑。

1603, 改朝換代的一年，
謠言與瘟疫流竄倫敦的一年

我不是小看莎士比亞，因為直到那時，莎士比亞大概還很難意識到在這場斥資甚鉅的宮廷假面舞劇後面，正隱隱體現著一個時代的轉變，而非得在歷史的後見之明中，這個轉變的樣貌才逐漸清晰起來。

1603年3月24日，伊莉莎白女王過世了。在許多大臣的努力與角力下，政權在不到二十四小時內，

順利地由蘇格蘭國王詹姆士六世繼任，更名為詹姆士一世，沒有人流血。一百多年的都鐸王朝（The Tudor）正式結束，斯圖亞特王朝（The Stuart）開始。

對於活在民主社會中的人來說，四年選一次總統，八年換一個政黨，政權轉變的規律已逐漸教導我們用平常心看待。但是，當在位四十五年的伊莉莎白女王過世時，這是許多人，包括莎士比亞在內，生平第一次經歷君主更迭、改朝換代的衝擊。

很久以來，伊莉莎白就是代表著英格蘭，她的形象是英國人國家認同的一部分，而現在，她的隕落等於讓這個集體認同有了相當大的缺憾。

另一方面，在沒有憲法制度保障、君主意志高於一切的年代，未謀面的新國王會不會讓國家更好？他是怎樣的人？他的能力與政治手腕如何？……，這是許許多多英國人心中惶惶不安的問號。想像、謠言、揣測、八卦開始在倫敦滋生蔓延。

也是從這天開始，這個國家遭遇或發生的大小戲碼，都左右了人們對新國王的評價。不少人已經知道，詹姆士一世是新教徒，這讓宮廷中當權的人士

與英國國教的教會可以放心，不用擔心國家的信仰要再次改變。

詹姆士一世也是個學者，寫過幾本書，討論撲殺女巫的必要，以及倡導「君權神授」的觀念。這些書很快在倫敦再版，讓倫敦人可以先一窺國王的想法。

一位新教徒，還是位學者，最重要的，是他已經有兩個兒子，不像無子嗣的伊莉莎白，因為繼承問題讓英國臣民深感焦慮。看起來挺不錯的。

是嗎？

1603年4月5日，詹姆士離開愛丁堡，朝倫敦出發，但人還沒有到，5月的倫敦爆發了瘟疫，他與皇室只好先待在倫敦郊區避難，加冕延至7月才舉行。這次的瘟疫至少是莎士比亞一生中最嚴重的一次，倫敦二十萬人口中，死了三萬六千人。劇場關閉，劇團被迫外出巡迴，因為倫敦市內已經成了人間煉獄：

每晚在無邊的寂靜中為藏屍間關門，這對人是多大的折磨啊，當掛著的油燈（這讓它更恐怖）幽冥緩慢地在空洞

的角落中燃著稀微的光。本應有綠叢的路面，現在只有枯萎的迷迭香，凋謝的風信子，死寂的白衫柏與紫衫，深深地混雜著成堆死人骸骨。躺在那兒是一個小孩的父親，裸露著肋骨；孕育過他的母親則曝出頭骨，無肉又空洞。環繞這孩子的是上千具屍體，一些用裹屍布纏住，直挺挺地站著；一些半身埋在腐爛的棺木裡。萬一他突然會裂開大嘴，鼻孔中一定充滿了腐敗的惡臭，眼中所見無它，只有蠕動爬行的蛆。為了讓這可憐的小鬼醒著，他應該聽不見噪音，除了蛤蟆裂耳的嘶鳴，貓頭鷹錐心的嚎叫，以及曼陀羅草的尖叫。難道這不是一所人間煉獄嗎？

這段文字來自作家湯瑪斯・德克在1603年快結束時寫的一本小書《美好的一年》（*The Wonderful Year*）。這本書先是詳細地描繪了伊莉莎白的死亡與喪禮，再來又驚心動魄地呈現倫敦爆發的瘟疫。除了反諷，實在不知道這一年為何美好。

淘汰伊莉莎白時代的詹姆士一世

在科學不昌、人們普遍仍然迷信的時代（新國王

詹姆士一世畫像。丹尼爾‧米登斯（Daniel Mytens）繪，
倫敦國家肖像館（National Portrait Gallery）藏。

詹姆士就相信女巫的存在），瘟疫爆發在新國王統治的初期，的確像是個不吉利的徵兆，影響了人民對他的信心。

更何況，當他開始親政後，人們發現這位新國王仗著自己的學問，非常好與人爭辯，但不太打開耳朵，傾聽別人的意見與人民的願望；而且他喜歡奢華的生活，無視英國財政的窘迫，揮霍無度，對奢侈品與打獵的狂熱高過處理政務；加上他信任自己從蘇格蘭帶來的心腹，多過伊莉莎白時期的舊臣；最麻煩的，是他希望統一英格蘭與蘇格蘭的主張，更是破壞了多年來許多人在伊莉莎白時代好不容易凝聚的國家認同，讓他與國會的關係日趨緊繃⋯⋯

於是，就連羅伯特・賽西爾（Robert Cecil），這位伊莉莎白晚年最仰賴的大臣，也是讓詹姆士可以順利繼位的關鍵人物，都在1604年11月給友人的信中提到：「我希望現在是在她（伊莉莎白）的內閣服侍，可以安心地吃飯，睡覺。現在我從安逸的岸邊被推走，卻不知道宮廷的風向與浪潮會將我帶向何方？」

像是在天秤的兩端，人們對詹姆士的反感，增加

了對伊莉莎白的懷念。於公，這是任何新政權都不樂見的事；於私，詹姆士一世更有理由為此不悅。

他的母親是蘇格蘭的瑪麗王后（Mary, Queen of Scots），曾是伊莉莎白政權上最大的威脅，長期被伊莉莎白監禁後處死。雖然伊莉莎白在1585年開始，就斷斷續續地與19歲的詹姆士直接通信，直到她逝世前兩個月為止，兩位君主之間的關係，至少在文字上還保有一份尊重（扣除1587年2月伊莉莎白處死瑪麗王后那段期間）。

但詹姆士繼位後，即下令將母親在西敏寺（Westminster Abbey）的陵寢獨自移到較大的空間，並重新修繕，而伊莉莎白的棺槨則移放在姊姊瑪麗的棺槨上——就是將國教改回舊教，導致腥風血雨，人稱「血腥瑪麗」的英國女王。讓這兩位生前不合的同父異母姊妹，死後比鄰而眠，這可不是讓人安息的好方式。

對詹姆士一世來說，要被遺忘的不只是伊莉莎白，還有她所代表的時代，凡是屬於都鐸王朝的，都不是他的，都是舊的，都被默默地放入淘汰的名單中。默默地，跟很多新政權一樣，詹姆士一世也

正大張旗鼓地建立屬於自己的時代與文化。

拒絕劇場新寵，紅極一時的劇作家也開始走下坡

改朝換代為劇場帶來了新能量，對求新求變的渴求更為殷切，對舊傳統的切割更為徹底，假面舞劇也因此成了宮廷中的新寵。

在看完《黑色假面舞劇》的那個晚上，如果莎士比亞除了些許不屑，還有能力察覺新政權在劇場生態上帶來的變化，他或許會發現一個有點難接受的事實：在追新逐奇、汰舊換新的風潮中，他也正在被淘汰的名單上。

從許多方面看，莎士比亞的確是一位伊莉莎白時代的劇作家——他在這個時代出道，學習劇場與舞台的一切，更在這個時代成名。

他在劇場中擅長的一切，正好是假面舞劇不再仰賴的東西。在幾近光禿單調的舞台上，他善於用文字勾起觀眾的想像，現在都被華麗的視覺效果給取代了；他用對人類存在各方面的反省，提升了語言與詩行在戲劇中的地位，現在它們又被降格成只

是合轍押韻、聊備一格的配角，或者迂腐地炫耀知識與典故，或者歌功頌德；他擅長與優秀的演員合作，為他們量身訂做角色，也擷取他們表演上的風格與長才，現在則是業餘外行的貴族在舞台上滿足虛榮，既接受伺候，也被像傀儡一樣地擺布。

最重要的是，莎士比亞一直用戲劇去對當代人的焦慮、矛盾進行提問：宗教改革帶來的衝突，讓撕裂的社會付出什麼代價（《羅密歐與茱麗葉》）？宗教衝突有無被超越的可能（《哈姆雷特》）？對猶太人的歧視是否正當（《威尼斯商人》）？對摩爾人的歧視呢（《奧賽羅》）？君權神授的觀念可以被質疑嗎（《理查二世》）？一個君主在良心上的罪惡感，可否被他的後人在世間的功績所抵消（《亨利四世第一、二部》）？刺殺曾經備受愛戴、現在卻因老邁昏庸而對國家帶來危害的君主，是否有正當性（《凱撒大帝》）？……。而現在，假面舞劇只是意識型態的宣傳品罷了。

莎士比亞不寫宮廷假面舞劇，伴隨這個決定的命運，是這位曾經紅極一時的劇作家，現在開始顯得過時而落伍了。人們仍然充滿敬意地記得他是那位

寫過如《哈姆雷特》這般劃時代劇作的劇場詩人，但他受歡迎的程度開始走下坡了。不論是宮廷中的假面舞劇，還是民間的「城市喜劇」，它們更像是這個時代的新寵。

聖保羅教堂前的書攤市集上，幾年前莎劇的四開本還是熱銷商品，現在也只稀稀落落地剩下《哈姆雷特》與《溫莎的風流娘兒們》了。他幾乎不再親自登台演戲，至少沒有紀錄留下；最明顯的改變，是他生產劇本的速度變慢了。

在伊莉莎白時期，約莫十三年的時間，他寫了二十五個劇本，平均一年兩個；但從1603年到他退休為止，約莫十年的時間，他只寫了十四個劇本，其中四個還是與人合寫的。

莎士比亞沒有因為成為「國王人馬」，而從此與新政權彼此擁抱。

那麼，誰是新寵？

擁抱新時代劇場美學的班・強生

《黑色假面舞劇》的作者是班・強生，就是在

「劇場戰爭」中，那位被我形容為「一個打十個」的劇作家。雖然他在伊莉莎白時代也有幾個劇本受到歡迎，但好勝如他，大概不會覺得自己是得志的（倒是進了兩次監獄，也秘密改變為天主教徒）。

但1603年以後就不一樣了。他先是與湯瑪斯·德克（寫《美好的一年》的作者）一起為迎接詹姆士一世到英國的遊行上寫了頌詩，更在新皇后的支持下，寫了《黑色假面舞劇》。這是班·強生第二次為新王室寫的假面舞劇，卻是結束瘟疫避難、回到倫敦白廳後的第一個假面舞劇，也是他第一次與舞台設計師英尼格·瓊斯（Inigo Jones）合作。

這位遊歷過義大利，並將透視法帶回英國的設計師與建築家，為詹姆士一世時代，創造了很多視覺上的驚奇，從假面舞劇、服裝到建築，都留下他重要的標記。想到這個國家在幾十年前還在打壓教堂裡的壁畫，壓抑視覺藝術，這些爆發的視覺成就，像是在滿足壓抑後的飢渴。

其實，即使在演完《黑色假面舞劇》後，班·強生與莎士比亞一樣，都在摸索在新時代的立足點，不能確定自己是否真的在新政權中展翅高飛了。只

是不若莎士比亞有環球劇院的股份這筆穩定收入來源，班‧強生繼續回到民間寫「城市喜劇」，延續「劇場戰爭」的尾聲。

這一年，他與兩位有過宿怨的劇作家——喬治‧查普曼（George Chapman）與約翰‧馬斯頓修好，合寫了《向東看喔》（*Eastward Hoe*），由男童劇團在黑僧侶劇院演出。

這個劇本不只回應了他的老朋友兼對頭湯瑪斯‧德克與約翰‧韋伯斯特（John Webster）合寫的劇本《向西看喔》（*Westward Hoe*），也調侃了包括《哈姆雷特》在內的其他劇本。更惹人注目的，為了討好民間逐漸高漲的反蘇格蘭人情結，裡面竟然插入了一段台詞，諷刺地希望蘇格蘭人滾回去，到美利堅更好：「就我來說，他們有十萬人之眾，你看，我們都是一個國家的人了啊！但若他們在美利堅的話，我們會比現在開心十倍。」

儘管是查普曼與馬斯頓所插入的台詞，但這裡對蘇格蘭人的冒犯，仍然讓班‧強生惹上麻煩，第三次入獄（跟查普曼一起）。在短暫的刑期結束後，他又因為天主教的背景與人脈，在11月時捲入對

英尼格·瓊斯畫像。
安東尼·范戴克（Anthony van Dyck）繪，倫敦國家肖像館藏。

「火藥庫陰謀」（詳後）的調查中。看起來，這不是他「美好的一年」。

也是在這個時候，他著手寫另一個宮廷假面舞劇：《婚禮儀式》（*Hymenaei*），並在1606年1月5日演出，地點仍是白廳的宴會廳，仍然是跟英尼格・瓊斯合作，製作成本更高達3000英鎊——而莎士比亞仍然只是選擇當觀眾而已。

回顧過去一年，莎士比亞除了與人合寫了一齣不怎麼有名的《雅典的泰門》（*Timon of Athens*）外，沒有任何的產出。《婚禮儀式》奢極無度的華麗演出，應該會讓他感到與班・強生在新時代中此消彼長的變化。

往後十年，宮廷假面舞劇就是班・強生創作上的主力，甚至從1616年起，有十年左右他都沒有戲劇劇本的產出。不只是名與利，他像是在假面舞劇中找到了屬於這個新時代的劇場美學。

在1616年出版的作品全集中，班・強生為《黑色假面舞劇》新增了一段前言，像是在為這種新美學辯護。他認為，「景觀中的榮耀與華麗」都沒有被後人好好理解，而一些因傳統而得寵的人，憤怒中

只會模糊了它們的面目，讓精神消亡。因此，他要從無知與嫉妒中拯救它們，避免遭受攻擊，也避免被遺忘。

但這種新美學是否真的站得住腳？他的辯護是否真的能說服他自己？對一個擅長文字的人來說，恐怕要自圓其說的地方更多。

從1611年開始，他與英尼格·瓊斯逐漸有了爭執。就像他為《婚禮儀式》所新增的序中（一樣是1616年出版），他比喻自己的文字是假面舞劇的「靈魂」，英尼格·瓊斯的舞台機關是「身體」，後者短暫讓人激動，前者才是持久並讓人深刻的。假面舞劇是同時訴求感官與理智的，只是有時人們感官上太偏好「身體」，而讓「靈魂」被遺忘……

但莎士比亞沒有遺忘。儘管他在晚期如《冬天的故事》、《暴風雨》這樣的作品中，也會挪用假面舞劇的元素，強調視覺的效果，但他既不寫假面舞劇，也沒有擁抱新的劇場美學。他像是變不出新把戲的老狗，用他習慣的工作方式，繼續面對、探索這個新政權帶來的變化，並且提出疑問。

「火藥庫陰謀」與莎士比亞對掌權者的探問

　　1603年3月30日，女王死後六天，英國與愛爾蘭叛軍簽訂合約，結束與愛爾蘭的九年戰爭。儘管這是伊莉莎白時代努力的結果，但的確為斯圖亞特王朝的開始帶來了利多。1604年8月，英國與西班牙簽訂和平協定，結束了長久以來與西班牙的敵對關係。詹姆士一世才上任一年多，在伊莉莎白晚期困擾國家的外在威脅就此消失。

　　但是，取而代之的是來自內部的威脅。

　　1605年11月4日，國會開議的前一天，在西敏寺的地下室發現了大量的火藥，預先制止了一場陰謀。事後的調查發現，這是英國境內的天主教徒，大部分是貴族，策劃的一場叛變。他們準備在開議時炸死國王、他的家人，還有現場大部分的議員，並且在米德蘭（Midland）地區，進一步綁架公主後起義叛變。

　　「火藥庫陰謀」（Gunpowder Plot）其實是個沒有發生的叛變，一個提前流產的計畫，卻讓整個英國社會都震驚不已。

新、舊教之間的鬥爭由來已久，想要暗殺君主的活動也有前例，但「火藥庫陰謀」如果發生，它摧毀的是整個王室與國會，會讓國家重新陷入無政府狀態。這不是除掉一個人，而是整個國家，這毀滅性的影響，全面的程度恐怕更甚1603年爆發的瘟疫，更難有人僥倖。

與瘟疫最相似的地方，是沒有人知道為什麼。所有被逮捕的策劃者，無論如何逼供，承認參與陰謀叛變的理由，都是宗教鬥爭以來千篇一律的陳腔濫調。詹姆士更不相信。他曾在1604年1月的漢普頓宮會議（Hampton Court Conference）中，拒絕清教徒打壓天主教的請願，維護天主教徒的努力，竟換來這樣的結果。他甚至延遲行刑的時間，希望逼問出後面「真正的主謀」，但證明只是徒勞一場。

做為「國王的人馬」、國王的家臣，莎士比亞與他的劇團必須出席許多皇室重要的場合，也因此有機會近距離觀察國王的行徑、失望與焦慮，還有國家最高權力核心中，牽一髮而動全身的微妙因果。

沒有西班牙與愛爾蘭這樣清楚可辨的敵人，國家的威脅來自更隱諱、更捉摸不定的地方，困擾著詹

姆士，也或許，來自詹姆士。

從1605年起，一直到1613年莎士比亞退休為止，他大部分的劇本都跟皇室有關：國王、皇后，或是其他時代掌握大權的領導者。他們個人偏執的行徑，代價不只是家庭的破碎，自己或親人的殞命，往往更是天下蒼生的禍福。

《李爾王》、《馬克白》、《安東尼與克利歐佩特拉》（*Antony and Cleopatra*）、《科利奧藍納斯》（*Coriolanus*）、《冬天的故事》、《辛白林》（*Cymbeline*）、《暴風雨》，都從不同的角度探討了擁有至高權力的人如何影響國家，不管是過去、現在，還是未來。

能夠被歷史留下的才是經典

也是這段時間，莎士比亞已經不再是劇場的寵兒了，但這些留下來的劇本，卻佔據著我們今日經典劇目的名單。除非研究英國文藝復興時期的戲劇，不然，今天不會有多少人記得班‧強生是誰，但我們依然記得莎士比亞。

莎士比亞不寫宮廷假面舞劇，或許給今天在票房上追求數字、在潮流上追新逐奇的創作者，拋出了另一個提醒。

Things Shakespeare Never Did

07

• • •

莎士比亞不為讀者寫劇本

破除經典迷思！

為了觀眾，也必須為了演員寫作的莎士比亞

歷史上第一套莎士比亞全集：F1

"To be, or not to be; that is the question" 恐怕是所有莎士比亞寫下的台詞中，最廣為人知的一句。可是，這句話是在《哈姆雷特》這個劇本中的什麼地方呢？

打開你手邊《哈姆雷特》的劇本，不管是來自書局或網路，包括中譯本在內，你都會發現，這句台詞出現在三幕一景：

在與國王、皇后等人討論哈姆雷特的古怪行徑後，喜歡自作聰明的大臣波隆涅斯（Polonius）決定讓女兒奧菲利亞（Ophelia）與哈姆雷特來一場「不期而遇」，藉此暗中觀察這位丹麥王子瘋癲的真偽。這時，哈姆雷特來了，並說了一段超過30行的獨白，其中，他深深地質疑著自己的存在，認真地思考自殺，並給了這段獨白一個簡單扼要的開始："To be, or not to be; that is the question"。

這個安排，最早是見於歷史上第一套莎士比亞全集。

1623年，莎士比亞逝世七年後，劇團的兩位演員

同事約翰・海明斯（John Heminges）與亨利・康道爾（Henry Condell），蒐集了流傳到那時所有莎士比亞的劇本，為他出版了第一套全集。

這個全集是用對開本（Folio）的形式，就是將一大張紙對折後，會有兩張（leaf）四頁（page），因此這個版本就稱為「第一對開本」（簡稱F1）。這個版本也是後世大部分莎士比亞的劇本，包括《哈姆雷特》在內，出版與編輯時的根據。

《哈姆雷特》的第一對開本，主要是根據1604年出版的一個《哈姆雷特》單行本。按照單行本劇本的出版慣例，這個劇本的尺寸是四開本（Quarto），就是將一張大紙對摺兩次後，共會有四張八頁。這個版本與F1相比，雖然大同，卻有小異，彼此都有一些對方沒有的文字。後來的學者在編纂、出版這個劇本時，經常是將兩者合併。（附帶一提，將劇本分五幕的格式在這兩個版本都不存在。F1只到二幕二景，四開本甚至沒有分景。）

但不管是哪個版本，"To be, or not to be"的位置都沒有改變，落腳在今天版本中三幕一景的地方。但這穩如泰山的地位只維持了兩百年。

Mr. WILLIAM

SHAKESPEARES

COMEDIES,
HISTORIES, &
TRAGEDIES.

Published according to the True Originall Copies.

LONDON
Printed by Isaac Iaggard, and Ed. Blount. 1623.

第一對開本（F1），版畫像為馬丁·德魯肖特繪。

To be, or not to be應落腳何處？Q1帶來的謎團

1823年，一位名叫亨利·班伯力（Sir Henry Bunbury）的男爵偶然發現了一本小書，裡面蒐錄了十二個莎士比亞劇本的單行本，包括《哈姆雷特》在內。它們全部都是四開本的形式，裝訂與切裁都很粗糙，出版的年代除了《兩位貴族親戚》（*Two Noble Kinsmen*）是在1634年外，其他都是介於1599到1603年之間。

其中，《哈姆雷特》是1603年，不但比原來的四開本更早一年，出版的書商與印刷者也不一樣。於是，這個新發現的版本被稱作「第一四開本」（Q1），原來的四開本反而成了「第二四開本」（Q2）。

Q1這版本與熟習的《哈姆雷特》版本很不一樣：幾乎只有Q2與F1一半的長度，許多台詞、場景都不見了，角色的名字也不一樣，比如波隆涅斯在這裡叫柯蘭碧斯（Corambis）；許多劇情沒得到解釋，卻多了一場以皇后為主的戲，卻從未出現在後來的劇本中。甚至連那句最有名的台詞，在這裡長

左為1603年《哈姆雷特》四開本（Q1），右為1604年《哈姆雷特》四開本（Q2）。

得也不太一樣："To be, or not to be, I there's the point"。更重要的改變，是台詞在劇本中的位置不一樣了。

在Q2與F1中，當眾人紛紛猜測哈姆雷特的古怪行徑之前，也就是現今版本的二幕二景，哈姆雷特邀請了一團演員進到劇團，決定讓他們在國王面前演出戲中戲，影射他「弒兄篡位」的惡行。當眾人離開後，他獨自在舞台上，用一段57行的獨白揭露了這個計畫，認為這樣可以「攫獲國王的良心」（Wherein I'll catch the conscience of the King）（2.2.607）。

但是，奇怪的很，這樣一個才剛剛下定決心、擬定計畫的人，怎麼在約50行台詞後，就開始喃喃自語，想著自己是否應該存在，絕望地考慮起自殺呢？

在Q1中，以 "To be, or not to be, I there's the point" 起始的這段獨白，不但在文字上大有不同（比較像Q2／F1版本的摘要），更重要的，是它的位置變了：

一樣是眾人討論哈姆雷特的古怪行徑，決定設

> *Ham.* To be, or not to be, I there's the point,
> To Die, to sleepe, is that all? I all:
> No, to sleepe, to dreame, I mary there it goes,
> For in that dreame of death, when wee awake,
> And borne before an euerlasting Iudge,
> From whence no passenger euer retur'nd,
> The vndiscouered country, at whose sight
> The happy smile, and the accursed damn'd.
> But for this, the ioyfull hope of this,
> Whol'd beare the scornes and flattery of the world,
> Scorned by the right rich, the rich cursse d of the poore

在Q1中， "To be, or not to be, I there's the point" 的獨白。

計他與奧菲利亞的不期而遇，然後他出現了，並在國王與柯蘭碧斯（原來是波隆涅斯）的窺探中說出這段絕望的獨白，然後他才與演員們碰面，討論表演，擬定戲中戲的計畫，並說出如此可以「擭獲國王的良心」。

換言之，兩場戲的位置彼此對調， "To be, or not to be" 這段獨白在Q1中是出現在與演員們合作戲中戲的計畫之前。如此，哈姆雷特的絕望，現在因為有新主意（可以藉著御前演出一窺國王本色）而有

了振作的理由，原來在Q2／F1版本中不合理的問題，也因此消失了。

Q1的出現，對研究《哈姆雷特》的學者來說，像是拋出一個謎團。

有很長一段時間，由於F1的序言中說：「很多這裡的劇本，以前都被偷偷摸摸地盜印，被有害的騙子用詐欺盜竊的手段毀損、扭曲……」（divers stolen and surreptitious copies, maimed and deformed by the frauds and stealths of injurious impostors…）以及Q1本身過短的篇幅與諸多缺點，因此也被認定是一個被損毀、扭曲的壞版本，「壞四開本」（Bad Quarto）的名聲不脛而走。

不少人認為，這是不肖出版商，即那些「有害的騙子」，花錢買通演員，讓他根據記憶重述台詞，再偷偷記下的本子。這在印刷術仍不若今日普及，教育從小就依賴死記硬背，演員對文字的記憶能力本就比今人發達的年代，靠記憶重述一個劇本不是沒有可能，只是錯誤與短缺在所難免。

也有學者認為，這是劇團為了因應巡迴演出所製作的一個刪節本，畢竟，出去巡迴的演員可能沒那

麼多，太長的演出也不符合經濟效益。這個解釋似乎可以為Q1洗刷一些汙名，也動搖了Q2／F1的權威性。

至少，當我們用比較嚴謹的態度，問 "To be, or not to be; that is the question" 應該位在劇中的什麼地方時，最誠實的答案，只能是「不知道」。

當莎劇成了文學經典……

從四開本到1623年的第一對開本，《哈姆雷特》不是唯一反映出前後差異，甚至有所矛盾的劇本。

F1中總共收錄了三十六個劇本，其中一半，即十八個劇本，之前有過四開本，有的劇本還不只一個四開本，大部分都是在莎士比亞生前出版的。《理查三世》、《理查二世》與《亨利四世第一部》，在他生前甚至有過五個版本。在他逝世（1616）到第一對開本出版的七年間，也有不少四開本問世。

這些四開本中，有一些有矛盾、不一致、篇幅太短等缺點，就像《哈姆雷特》的Q1一樣，一般被認

為是「壞四開本」。它們的內容除了依賴演員的記憶外，也有可能是來自不肖出版商雇用的速記員，他們會混入看戲的觀眾中，邊看戲邊將台詞速記下來，再排字出版。

自然，這樣的版本問題會很多，但稍後我們會發現，在研究莎劇的表演時，「壞四開本」反而可能有意想不到的作用。

不論四開本的好壞，當決定要為莎士比亞出版一套全集時，可以想見，用哪一個版本當排版時的依據，一定讓編輯者煞費周章。

另外，那十八個第一次問世的劇本，它們的來源可以是莎士比亞的草稿（foul paper，上面塗塗改改，這裡劃掉一行，那裡插進幾句，整張紙看起來潦草不堪），可以是劇團的提詞本（company book，或用1660年王權復辟之後才流行的字眼 promptbook，上面有演員的進出場等指示，在演出時使用），或者是來自作者本人或職業抄寫員（scribe）所繕寫的手抄本（fair copy）。一位叫做雷夫‧克萊恩（Ralph Crane）的抄寫員，就為F1提供了包括《暴風雨》在內的好幾個手抄本，做為F1

排版的參考。

　　可能出自崇敬，也可能為了銷路，這套莎士比亞全集努力要塑造一種權威的形象，彷彿它是最可靠、最值得信賴的版本，是對所有之前流傳的版本去蕪存菁後的結晶，是莎士比亞劇作精華最終、最完整的體現。

　　一如班・強生為它寫的頌詞中所說，莎士比亞「不屬於一個時代，而是所有的時代。」（He was not of an age, but for all time!）就這樣，第一對開本讓莎士比亞成了永恆的文學巨人，並且開始訴求一群新的受眾──讀者。

　　藉著出版「莎士比亞全集」，當然可以建立起一個莎劇的「標準清單」。但它的出版，完全扭轉、甚至扭曲了我們對莎士比亞劇本的理解，同時賦予他一個現代作家的形象──他更像是一個在書房或電腦前的劇作家，甚至小說家或作家。

　　透過印刷出來的文字，或者對讀者展現文采，或者成了人人引用的座右銘，或者英語考試的題目，或者展現一個高妙的故事，讓十九世紀初英國蘭姆姊弟（Mary Lamb and Charles Lamb）可以從中

莎士比亞的詩集與偽作

Shakespeare's poetry and apocrypha

莎士比亞對出版並不陌生或欠缺企圖，也知道一旦大量印刷，不可免俗地，出版品就是商品。他非常認真地出版了自己的詩集，包括1593年的《維納斯與阿多尼斯》、1594年的《盧克莉絲失貞記》（ *The Rape of Lucrece* ），以及1609年的《十四行詩》（ *Sonnets* ）。在當時，這些詩集的出版都深受讀者的歡迎，一再加印。

甚至在1590年代末期，因為他的名聲，一些出版的劇本也都偽稱他是作者，並將他的名字印在封面上，藉此增加銷路，從此成了所謂的「莎士比亞偽作」（ Shakespeare Apocrypha ），包括《約翰·奧德卡瑟爵士》（ *The First Part of the True and Honorable Historie of the Life of Sir John Oldcastle*, 1600 ）、《倫敦浪子》（ *The London Prodigal*, 1605 ）、《約克郡悲劇》（ *A Yorkshire Tragedy*, 1608 ）等，它們的出版，應該會給莎士比亞帶來一些困擾。

抽取提煉後，寫於童書《莎士比亞故事集》（*Tales from Shakespeare*）中。因為讀者，莎士比亞真的因此超越了時代。

為觀眾寫劇本：劇本從來非一成不變

但莎士比亞不是為了讀者寫劇本，他是為了觀眾。儘管今天已有學者指出，有一些四開本的劇本，應該是來自他授權、甚至親手準備的手抄本，以抵制未經授權、那些「偷偷摸摸盜印」的壞四開本，以正視聽。但綜觀他的職業生涯，他寫劇本並非為了出版，而是為了演出；不是為了書房中的讀者，而是劇院中的觀眾。

「為了觀眾」，用今天流行的話說，他的劇本就是「客製化」的產品。

事實上，根據那個時代留下來的許多文獻，包括其他劇作家的手稿、劇團經營者的日記、劇作家與劇團簽的合約等等，劇作家的工作不但要自己創作劇本，更要經常改寫舊的劇本——不管是自己還是別人的，以因應劇本在重演時不同觀眾的喜好與關

心（偶爾也因為不同演員的表演風格、新的法律，或是審查制度的意見而有所調整）。

在不斷地改寫（revision）中，劇作家不會在完稿，甚至演出後就一勞永逸，劇本也從來不是一成不變的面貌。

譬如，在《馬克白》中，女巫海克特（Hecate）這個角色與她唱的兩首歌，就不是莎士比亞的原作，而是在他過世後，由另外一位常與莎士比亞劇團合作的劇作家湯瑪斯・密道頓在改寫時添加的。而這個改寫的版本就成了F1排版時的來源，一路流傳迄今。

由於《馬克白》只有歌名卻沒有歌詞，但這兩首歌又在湯瑪斯・密道頓自己寫的劇本《女巫》（*The Witch*）中出現，今天很多版本或演出，就乾脆將《女巫》中的歌詞合併到《馬克白》的劇本裡。

不只在《馬克白》，湯瑪斯・密道頓改寫的痕跡也出現在莎士比亞的《一報還一報》中。這反映出改寫別人的劇本，是一件需要文才與編劇技巧，且非劇作家不能勝任的工作。更重要的，他曾與莎士比亞合寫過《雅典的泰門》，這經驗一定使他對莎

士比亞的寫作技巧更為熟悉。

在當時，劇作家之間雖然彼此競爭，但也彼此合作，特別在新劇本需求量很大的時候。沒想到，也正是因為劇作家們彼此合作，這個慣例竟然為研究莎士比亞帶來意外的收穫。

莎士比亞的手跡與更動

1728年，英國人發現了一個伊莉莎白時代的劇本《湯瑪斯·摩爾》（*Sir Thomas More*）的手稿，判斷有六個劇作家共同完成。自1871年以後，逐漸有人判斷其中三頁手稿應該是出自莎士比亞，而這是迄今除了他的六個簽名外，他唯一留下的手跡。

這份手稿是一份工整的手抄本，判斷是莎士比亞重新抄寫了自己原本塗塗改改的草稿。但上面還是有大約十二處的更動，由於莎士比亞沒有理由再去修訂，這些更動判斷是劇團中管理劇本的簿記員（book keeper）或是抄寫員所為。

這些更動中有一個地方很特別，就是在被劃掉的兩行文字中間，莎士比亞還補寫了幾個字進去。由

莎士比亞的簽名

Shakespeare's signature

莎士比亞存世的筆跡很少，一共也只留下六個簽名，三個簽在他的三頁遺囑上，其中一個前面還有「by me」二字。另外三個簽署在商業文件上，有法律效力，由官方存檔。它們也成為鑑定莎士比亞手跡的依據。

於墨水顏色更深，判斷應該是在文字被劃掉後再補上的。

這些細節透露了在一個沒有打字機與電腦的時代，莎士比亞與簿記員或抄寫員之間的互動，而且看起來莎士比亞的權威並非絕對。出於某種要求或需要（譬如要應付審查制度），劇本的一些台詞遭到簿記員或抄寫員的刪除，但莎士比亞在刪改後的本子上又發現可以補上新的文字。

這個來來回回的修改，顯示出劇本在寫好離手之後，並非從此完封不動；只要有新的目的或需要，劇本仍然在經歷不斷地改寫。這也是為何許多劇本有多個四開本的原因。至於莎劇不動如山的正典地位，是直到F1才被建立的形象。

演員的即興，讓劇作家的構想走樣

當把眼光放在莎士比亞的手稿，而非印刷品時，我們看見一個為了觀眾寫劇本的劇作家，還有他手中變動不居的劇本。事實上，在沒有影印機，演員只能以手稿排練的時代，演出是為了文字服務的看

《湯瑪斯・摩爾》中莎士比亞的手稿與上面的修改。

法也非常可疑。

劇本的草稿完成後，簿記員或抄寫員會謄寫出一個提詞本，供提詞人（prompter）在舞台邊提醒演員，何時該上場與離開。同時，他也會為每個演員製作一個台詞本（part），上面只有每個角色要說的全部台詞。

但是台詞本上既沒有角色的名字，也沒有與之對話角色的名字。區別的方式，只是在每一段台詞前面，會有一個提示（cue），它是其他角色在上一段台詞的最後一到四個字。一旦演員聽見舞台上的對手說到這提示，演員才能知道該接哪段台詞。

對演員來說，記住台詞與記住這些提示一樣重要，但這也意味著，演員是不可能拿到一個完整的劇本，透過閱讀知道別人的台詞，了解劇情的全貌。

對於像莎士比亞所屬的成人劇團來說，由於每天都有演出（兒童劇團則是一週一次），而且劇目更換頻繁，在這種狀況下，演員只有很少可以一起排戲的時間，只能在劇作家對劇本大意略作解說之後，先拿到自己的台詞本，然後私下先將台詞背起

來（以他們的記憶力，這不會花上太久的時間）。

可能在演出前不久，有時候就是當天上午，所有演員才能齊聚一堂，討論劇情大概，走位，或是道具使用、打鬥場面等技術上的細節，然後就是正式演出，一切「場上見」了。

「首演是彩排」，這個在今天劇場製作時的惡夢，在當時的公共劇院可能是常態，特別當他們把在宮廷的御前演出當做最後的目標時。

儘管劇團的演員長年在一起演戲，彼此早已培養出很好的默契，但這樣緊縮的排練時間，使演員對劇本的認識，多半只侷限在他的台詞本中，欠缺對劇本整體的認識，這讓他們不太可能去細細體會角色間彼此的複雜關係，還有在這個關係下，角色會產生的反應與心理。

特別在一齣新戲的首演中，就算演員的舞台技巧豐富、記憶力驚人，恐怕還是會有漏詞、忘詞、走錯位置等等意外狀況。在演員與觀眾之間的親和性甚高（見〈莎士比亞不要演員演戲〉一章）、演員表演經驗豐富的狀況下，當意外發生時，現場的即興演出是化解危機最即時快速的方法。

在那些速記員於演出中匆匆記下的版本，所謂的「壞四開本」中，有些台詞應該是演員自行添增的。

譬如，在《亨利五世》1600年的四開本中，有一些F1中沒有的台詞，像是用來填充空檔的。譬如孚倫（Fluellen）會說：「看看你」（looke you），「上帝瞎搞」（God's plud）；或是一些文字上諧音的廉價笑話，譬如皮斯托（Pistoll）這個角色，因為名字發音與pizzle（動物的陽具）相近，好幾次被戲稱為ancient Pistoll（衰老的Pistoll／陽具）。這些都像是來自演員的發明，而非莎士比亞。

在沒有導演（19世紀才出現）統整演出的狀況下，由於演員欠缺整體的理解，還有不可避免的失誤與即興，這等於讓劇作家的構想走樣，削弱了劇本的力量，也降低了劇作家在實際演出中的影響。取而代之成為演出焦點的，自然落在每個演員根據台詞本所呈現的角色，這使得part這個字也是「角色」的同義詞。

為演員寫劇本：劇本是角色的集合

根據當時的文獻，我們知道有的演員在講完自己的台詞後，就完全不理對手演員了；或是在該對其他演員／角色說話時，轉頭對觀眾說話，以求獲得更多的掌聲，而觀眾也很容易將注意力放在他們喜歡的演員上，忽視其他角色的存在。

好的演員，譬如李察‧柏貝芝（見〈莎士比亞不搞笑了！〉一章），被讚美不論台詞多長都可以取悅觀眾，而且任何時候都在自己的角色中——這個今天在演員訓練裡的基本科目，在當時竟然是一種美德。

演員為「角色／台詞本」服務，劇本在演出時萎縮成一個「角色／台詞本」的集合體而已，這個會讓今天寫劇本的人失望的狀況，卻是莎士比亞必須融入的職場環境，是他寫劇本時不可迴避的工作條件。

因此，為角色寫下優美的詩行，不但本來就是他擅長的工作，也是給只能掌握台詞本的演員表現空間。這也解釋了，為什麼「好好說話」是莎士比

亞對演員的期待（見〈莎士比亞不要演員演戲〉一章）。

劇場本來就是屬於演員與觀眾的地方，當莎士比亞的地位因為F1的出版被高高抬起之後，我們很容易忘記，當時吸引觀眾進劇場的原因，不完全是劇作家莎士比亞，更是因為一群有高度魅力的演員。

我們一直認為是這群演員對莎士比亞的劇本做了最初的詮釋，給予他的文字生命——這沒有錯，在今天更是如此；但當時實際的狀況是，莎士比亞的文字也必須為演員服務，讓他們展現魅力才行。這是一個為了觀眾，也必須為了演員寫作的莎士比亞，與為了讀者寫劇本的莎士比亞，很不像。

莎士比亞的劇本合理嗎？

為了觀眾，也必須為了演員，莎士比亞寫劇本時遷就「角色／台詞本」的傾向，與今天主流戲劇強調「合理性」的優先要求並不相同。特別是當觀眾很像讀者，用一種細心檢查的態度，處處追問角色的心理動機與行為的因果關係時，劇本的合理性更

劇作家的地位

Dramatist's position

在「劇作家」（dramatist）這個字還沒被發明，寫劇本的人如莎士比亞仍被稱作「詩人」的年代，這些寫劇本的詩人在公眾心目中恐怕本來地位就不高，他們的名字甚至不會出現在演出的海報（playbill）上。

1698或1699年間，離環球劇院開幕約一百年後，一位英國作家約翰‧德萊頓（John Dryden）在給友人的信中，提到他在海報上看見作者的名字，並說：「這是一個新的行徑，至少在英國。」（a new manner of proceeding, at least in England）

是馬虎不得——這幾乎是今天的編劇與演員在工作時首重的功課。

但是，莎士比亞的劇本挑戰了這種讀者取向的理解。在「角色／台詞本」取向的狀況下，他的劇本偶爾會有一些令人錯愕的不合理安排，一些「落漆」的地方。

譬如，在《威尼斯商人》一開始，我們只知道主角安東尼歐劈頭就說：「老實說，我不知道自己為何悲傷。」（In sooth, I know not why I am so sad）（1.1.1）在後來的問答中，我們知道他不是為了錢，至於是否為了愛情，他卻沒有明說，一直到全劇結束，我們都不知道他為什麼悲傷。

同樣在本劇中，巴珊尼歐（Bassnio）似乎花了三個月才從威尼斯趕到貝爾蒙特（Belmont），卻在收到安東尼歐的信之後，馬上就可以回到了威尼斯。在《冬天的故事》中，安提克奴思（Antigonus）將新出生的嬰兒留在波西米亞（Bohemia）的海岸，但波西米亞根本是個內陸國……

在「合理性」的眼鏡下，細細推敲，這些劇中的安排都是問題，破壞了因果關係，令人難以容忍。

也因此引起一代代的學者提出不同的解釋，譬如，安東尼歐的憂愁是因為他不可啟齒的同性戀情……

但如果「合理性」不是觀賞戲劇時的首要考量呢？當莎士比亞的觀眾為某個演員唸出的無韻詩感到心神飛揚時，當他的靈魂因為一段獨白的撩撥迴盪不已時，誰在乎？

譬如，"To be, or not to be" 這段獨白是在戲中戲的計謀之前還是之後？只有當我們離開了表演的現場，離開了演員的聲音，將劇本當文字來閱讀的時候，「合理性」的要求才會出來作怪，製造出許多原來不是問題的問題。

莎士比亞有一個劇本叫做 "*Much Ado about Nothing*"，中文就翻譯成《無事生非》或《庸人自擾》。如果我們記得莎士比亞不是為讀者寫劇本，那麼，何處惹塵埃？

Things Shakespeare Never Did

08

• • •

莎士比亞不當倫敦人

莎士比亞的愛情、婚姻、子女與鄉愁

給我太太我第二好的床，帶傢俱

1616年的4月23日，莎士比亞在家鄉埃文河畔的斯特拉特福過世了。沒有引起太多騷動，更沒有舉國哀悼，平凡得一如你我。三天後，他下葬在家鄉的聖三一教堂（Holy Trinity Church），享年52歲。

在這個平靜的鄉下地方，他可能是少數見過已故女王伊莉莎白一世的人。1603年女王過世，享年70。他的父親約翰‧莎士比亞（John Shakespeare）在1601年去世的時候，一樣也是70歲。

52歲應該仍是人生的壯年，但可能是出於他做為詩人的洞見，在1616年的1月，他找了自己的律師，草擬了遺囑，卻可能認為需要補充與修改，他沒有簽名。直到他去世前一個月，3月25日，由五位友人見證，他在修改後的三頁遺囑上，每頁都留下了簽名，在他迄今流傳下的六個簽名中，這就佔了三個。

遺囑中，大部分的財產留給了才出嫁的小女兒茱蒂絲（Judith），再來是已嫁的大女兒蘇珊娜（Susanna），還有劇團的同事。

那他的太太安・海瑟威（Anne Hathaway）呢？在第一稿的遺囑中，安・海瑟威的名字完全被忽略了，在最後確定的版本中，也只是吝嗇地補上這一句話：「品項，給我太太我第二好的床，帶傢俱。」（Item, I give unto my wife my second best bed with the furniture.）

「第二好的床」（my second best bed）？只有這樣？甚至不是最好的？遺囑上這句對妻子餽贈的輕描淡寫，引起很多學者的猜測，他們遽論莎士比亞與太太的感情不睦，他在婚姻生活中並未找到幸福，「第二好的床」暗示了安・海瑟威不過是他生命中「第二好」的人而已……

拈花惹草、同性戀？十四行詩的捕風捉影

如果劇本中由角色說出來的話太過間接，不足以直接反映作者的意志，那麼，他的詩歌如何？

莎士比亞在1609年出版的154首《十四行詩》（*Sonnets*），就成了好事者眼中可靠的「消息來源」。有人認為，莎士比亞長年隻身一人在倫敦，

難免拈花惹草，甚至感染上性病，而第153首剛好提到了「奇怪的隱疾」（strange maladies）──一般認為就是當時的梅毒，這就證明了他混跡倫敦時的風流行徑。

第127到152首，則帶來另一個繪聲繪影的傳說：在這些詩中，莎士比亞顯得熱情、大膽，甚至用語猥褻。譬如，在第144首中，莎士比亞形容獻詩的對象是「我的邪惡女性」（me female evil）、「我的壞天使」（my bad angel）。更撩撥眾人窺奇欲望的，她似乎還是一位「黑色淑女」（dark lady）──可能是一位黑人，更可能已婚了。她是誰？於是很多女性的名字紛紛湧現在學者的候選名單上。

如果這還不夠聳動，十四行詩的前面126首，更讓學者們有文章可作，因為這些詩主要是獻給一位年輕的男子（a fair youth），而莎士比亞的同性戀傾向，也從此揭露。

從傳記到八卦雜誌，一直以來，人們對名人的感情生活，似乎很難遏止窺私好奇的欲望，更往往拒絕接受過分平凡的版本，特別當對象是像莎士比亞這樣多產的作家時。人們好像不太願意相信，一個

莎士比亞的頭顱被盜 ?!

Where is Shakespeare's skull?!

就在本書撰寫之際，英國的考古學家有一個驚人的發現：他們運用雷達探測技術，重勘莎士比亞在聖三一教堂的墓穴，發現他的頭顱已經不見了。這證實了在1894年出版的雜誌《大船》（*Argosy*）上的一則故事：盜墓者早在1794年，就將莎士比亞的頭顱偷走了。

在17、18世紀時，盜墓曾在英國十分風行，人們會將名人的頭顱拿來分析一下，看看是什麼原因造就了天才。儘管莎士比亞的墓誌銘上早已留下了警語：「親愛的朋友，看在耶穌的分上，請不要挖掘圈圍在此的塵土。祝福放了此墓者，也詛咒移我骸骨者。」（Good friend, for Jesus' sake forbear, / To dig the dust enclosed here. / Blessed be the man that spares these stones, / And cursed be he that moves my bones.）

另一個傳說，聲稱真的莎士比亞頭顱是在15英哩外一個教堂的地下室。但經過考古小組的檢測，發現那不過是一個70多歲老太太的頭顱。

老實說，我覺得這種實事求是的態度完全用錯了地方，除了再一次看見科學家與狗仔多接近以外。

讓往生者安息吧！

從事戲劇工作的人，會有一個非常不戲劇的平淡人生。彷彿他的戲劇，只是一個傳奇人生的複本。

於是，當莎士比亞只留給妻子「第二好的床」時，這就成了一個經年在多彩多姿的倫敦奮鬥的先生，見過花花世界後，晚年在遺囑中對家鄉平庸髮妻聊備一格的餽贈。

莎士比亞對安·海瑟威的感情，真的隨著他的離家打拚而貶值了嗎？

安拯救了我！

同樣在《十四行詩》中，同樣是捕風捉影，第145首卻把我們對莎士比亞的愛情與婚姻的想像，帶到一個截然不同的方向。

這首詩用字與語言都相對簡單，音節也不工整，在長度與句法上，都與它前後的詩不同，更與整本詩集扞格不入，判斷像是莎士比亞早期的作品。它的內容是描繪戀愛中鬧小彆扭的情侶，嘴上說著「我恨」（I hate），心中又是滿溢的愛意。這首詩的最後兩句是這樣結尾的：

遺囑的最新發現

New discovery in Shakespeare's testament

又是一則本書寫作期間揭露的發現（莎士比亞逝世四百年讓大家都很忙！）：英國國家檔案館的研究人員，花了四個月的時間，利用特殊相機重新檢查這三頁遺囑，發現第二頁撰寫的時間應該是1613年3月，比其他兩頁遺囑都早了三年。

根據這項發現，學者們重新解讀莎士比亞與家人的關係，發現他生平最後幾年其實非常小心維護家人的經濟生活，臨時決定給妻子「第二好的床」也是出自關愛，而非有意輕慢。

「我恨」，她從恨意中拋出這句，

又拯救了我的生命，說道：「不是你。」

('I hate', from hate away she threw,

And saved my life, saying 'not you'.)

根據16世紀時瓦立克郡（Warwickshire）當地的方言——莎士比亞的故鄉斯特拉特福就在這區，hate away的發音與他妻子的姓Hathaway很接近。而下一句的And saved my life，很容易唸成Anne saved my life（安拯救了我）。在不少學者眼中，這兩句詩成了年輕的莎士比亞向妻子安・海瑟威吐露愛意的隱喻。

儘管一樣是揣測，衡諸莎士比亞步入婚姻的狀況，「安拯救了我」似乎可信得多。

1582年11月，一張婚姻特許證（license）在教區的紀錄（entry）顯示，莎士比亞與安・海瑟威結婚了。這一年他18歲，法律上仍是未成年人（a minor），而安・海瑟威——如果她在1623年下葬時的墓誌銘上「得年67歲」（BEING OF THE AGE

OF 67 YEARS）的7不是雕刻師將1變成7的失誤的話（墓誌銘雕刻在當時不是太牢靠），結婚時應該是26歲，整整大了莎士比亞8歲。

對一個18歲的蒼白少年來說，來自一個成熟女人的愛情，的確會是他躁動又茫然的青春最好的拯救。

26歲的女人在今天是青春正盛，在當時的婚姻市場中，卻是不利的年紀。當時法律允許的適婚年紀，男生是14歲，女生是12歲（在《羅密歐與茱麗葉》中，茱麗葉14歲的時候就結婚了，她的母親也是）；非貴族家庭因為期待新人經濟上可以獨力，通常年紀會更晚，男生是25或26歲，女生是23歲。

可是在一個普遍迷信的年代，某些地區中單身又年長的女性，可能被當成女巫看待。因此，不少人推測，他們的婚姻可能是由安・海瑟威主動，勾引了年少氣盛的莎士比亞。特別是當兩人結婚時，新娘已經懷孕，兩人不得不奉子成婚（shotgun marriage）。

婚姻特許證的存在，說明了他們結婚的匆忙。根據當時的習俗，結婚是不需要證書的，只要教

會在連續三個週日或假日，宣布三次結婚公告（banns），每次在宣布後無人反對或提出異議，婚姻就算成立了。只是教會也規定，在特定期間禁止做婚姻公告，而這一年的12月2日到次年的1月13日正是不准公告的日子，這對一個未成年的新郎與一個懷孕的新娘來說，時間更是急迫。

11月27日，新娘家的兩位友人，帶著文件與規定的費用，到了位在斯特拉特福西方21英哩的伍斯特（Worcester），向那邊的宗教法庭申請了婚姻特許證。如此，新人可以用它向辦理婚禮的教堂申請減少、甚至完全免除婚姻公告。

如此匆忙，讓許多人不認為其中有「安拯救了我」的喜悅，而更像是多年後，莎士比亞在《終成眷屬》中為不願結婚的男主角寫下的這句台詞：「一個結婚的年輕人是受傷的。」（A young man married is a man that's marred）（2.3.295）

莎士比亞結婚時是否真的心甘情願？我們最誠實的回答，只能是不知道。

但我們可以知道，這樣奉子成婚的狀況，儘管不尋常，在當時並沒有稀罕到成為醜聞的地步。伍斯

Delin NC 1708

安‧海瑟威

Anne Hathaway

一張繪於1708年的素描，據說是安‧海瑟威。納撒‧尼爾寇松（Sir Nathaniel Curzon）繪，原畫在莎士比亞作品集第三對開本的扉頁上，現藏於柯蓋德大學圖書館（Colgate University Libraries）。

對於安‧海瑟威這個名字，許多人一定會聯想到那位演出《穿著Prada的惡魔》的好萊塢電影女明星。這不是巧合！美國女星安‧海瑟威在一次訪問中承認，她的父母的確是以莎士比亞太太的名字為她命名的。

特地區的主教是約翰・惠特吉夫特，而根據紀錄，那一年他管轄的郊區，一共核發了九十八張婚姻特許證。另外，學者調查1580年代莎士比亞故鄉與鄰近村落的結婚紀錄發現，未婚先有的新娘還為數不少。

換言之，因為狀況特殊而不能依照一般教會程序結婚的新人，包括像莎士比亞這樣奉子成婚的案例，並不會是太引人注目的戲劇。

另一個女人？

莎士比亞婚姻特許證的登記簿與申請的保證書（bond），是今天唯一留下的文件。在充作證據之餘，也帶來新的問題。

譬如，在保證書上，莎士比亞的名字是William Shagspere，而非Shakespeare——這真的是我們故事的主角嗎？而在核准婚姻特許證的登記簿上，我們還看到新娘的名字也不太一樣：Anne Whateley of Temple Grafton（來自坦普・葛芙頓的安・惠特立）。

這位安・惠特立小姐又是誰？這讓富想像力的傳記作者，為莎士比亞與兩位同名為安（Anne）的女人，編出一段三角戀的故事：莎士比亞本來是要娶年紀相仿的安・惠特立，但受到熟女安・海瑟威的勾引，嚐到了性愛的美好，因此猶豫不決，最後為了慾望，也為了家族的經濟，他選擇了家裡較為富有，並且也懷孕的安・海瑟威，狠心捨棄了愛情……

　　另一個解釋可能無趣，但可信度高一些：負責寫登記簿的書記員顯然很粗心，跟其他保證書上的名字對比，他在登記簿上好幾個名字都寫錯了。在27日登記婚姻特許證這天，法庭還要處理一件牧師威廉・惠特立（William Whateley）的訴訟案，這可能是讓「海瑟威」誤寫成「惠特立」的原因。至於坦普・葛芙頓，這個小村落離安・海瑟威的村子肖特瑞（Shottery）不遠，可能是新娘以前住的地方，也可能是舉辦婚禮的所在地，但因為某些緣故，都成了書記員粗心筆誤的來源。

約翰‧惠特吉夫特畫像，倫敦國家肖像館藏。

約翰・惠特吉夫特
John Whitgift

這是第三次在這本書中見到他了。他後來到了坎特伯里
（Canterbury）當了大主教，並掌管全國出版業的審查制度。
1588年的馬丁・馬爾普雷特事件（見〈莎士比亞不給答案〉一
章）與1599年的焚書事件（見〈莎士比亞不寫城市喜劇〉一
章），都是由他主導。

好些歷史學者形容，在莎士比亞生活的社會中，「每個人認識
每個人」（everyman knows everyman）。這當然有些誇張，但
也顯示出那的確是一個很小的世界，人們很容易彼此認識，拉
上關係。

離家／沒離家

　　1583年5月，長女蘇珊娜出生；1585年2月，龍鳳胎出生，以他們鄰居夫婦哈姆耐特（Hamnet）與茱蒂絲（Judith）的名字命名，自此莎士比亞與安·海瑟威沒有再生任何孩子。也是從1585年開始，一直到1592年期間，沒有任何文獻可以追蹤到莎士比亞的事蹟。

　　學術上，這段期間被稱作「失落的年代」（the lost years）。有傳說他去了蘭開斯特（Lancaster）當家庭教師，也有傳說他加入了劇團在各地巡迴演出，甚至到了國外。在各種推測中，比較可以相信的結論是：一直到他1613年退休，莎士比亞很少住在家裡了。

　　對不少人來說，這又是一條判斷他們夫妻感情不睦的線索。但是，當愛情變成婚姻之後，朝朝暮暮的相處真的是維繫愛情最好的方式？那時，甚至今天，很多人離家在外工作，不等於斷了與家的關連，甚至因為思念而在精神上與情感上與家緊密相依。

那麼，距離真的分開了莎士比亞與妻子、家人的感情嗎？這位長年在倫敦工作的莎士比亞，真的有離開家嗎？

　　實際上，四百年來一直為人討論與稱道的莎士比亞，都是活躍在倫敦的那位。他出版詩集，編寫劇本，也因為這些文字贏得我們的矚目。但倫敦不是他的家，斯特拉特福才是。在文獻能說的事實上，莎士比亞的確離家了；但一個人在情感上的嚮往與歸屬，這些不是白紙黑字可以證明的東西，卻往往在實事求是的科學眼光下被排除了。

　　不，跟捕風捉影的窺私欲望不同，如果我們還相信人活著不可能與這些不可證明的東西分割，那莎士比亞就沒有離家。

　　莎士比亞平均每年回家至少一次。在天氣好、路面不泥濘的時候，從倫敦回家，走路大約四天，騎馬大約兩天。晚上必須住在客棧，忍受跟陌生旅伴和跳蚤相處。每年最可能回家的時間是四旬齋節（Lent），就是復活節之前大約四十天，約莫在2月下旬至4月初，因為這個時候倫敦劇場必須關閉。但這個莎士比亞回家的時間，只是在沒有變故的

時候。

　1596年，人在倫敦的莎士比亞收到家鄉傳來的噩耗，他唯一的兒子哈姆耐特去世了，年僅11歲。儘管這是個夭折率頗高的年代，有三分之一10歲以前的兒童死亡（男性的平均壽命因此被拉低到只有35歲），但一旦發生在自己身上，悲痛永遠難禁。

　莎士比亞是否來得及參加兒子8月的喪禮，我們不知道，但他不可能不為此回家一趟，憑弔亡者，也安慰家人的悲傷。對這對聚少離多的夫妻來說，這無疑是個巨大的打擊，共同的傷痛會讓他們更緊密相依。

　很多學者推測哈姆耐特的過世對莎士比亞寫作的影響，譬如，三年後，當他決定下筆改寫《哈姆雷特》時，面對著這個與兒子的名字僅有一個字母之差的角色，每次下筆，心中大概很難不被勾起一陣酸楚。或許，他們推測，這是哈姆雷特之所以憂鬱的原因。

　突來的喪子之慟可能提醒了莎士比亞，自己一直是個缺席的父親，還有，一個缺席的兒子。

莎士比亞的家徽。
1787年由約翰·貝爾（John Bell）印刻裁剪後的圖像。

在家鄉的莎士比亞

　　1596年10月，莎士比亞帶著他的父親來到倫敦的紋章院（the College of Arms），以他父親這方的祖先曾在國王亨利七世麾下效力為由，申請到了家徽，讓家族得以晉升到仕紳（gentry）階級。

　　在一個仍以階級維持秩序與傳統的封建社會中，家徽不但是身分的表徵，更是傳世的尊榮。莎士比

亞的父親在年輕時曾經幾次申請家徽未果，一般相信，這次申請成功，是莎士比亞描繪祖先功績的文筆佔了首功，使父親宿願得償。

1599年，莎士比亞與父親想再進一步提升自己的地位到紳士（esquire）階級，並以母親這系的祖先功蹟為訴求，幾經波折，卻不了了之。

1601年，莎士比亞的父親過世，家族的頭銜由他繼承。但在1602年，紋章院的一位官員徹查幾年來核准的家徽，發現有二十三戶實際上資格不符，只是「低下之人」（base person），其中包括莎士比亞，因為他不過是個演戲的（player）。莎士比亞幸得其他資深紋章院官員的力挺，才得以保住家徽。

莎士比亞家族為家徽奮鬥的故事，或許可以解釋，為什麼家徽上面的拉丁文座右銘是Non Sans Droit──「不是沒有權力」（英文是Not Without Right），隱隱迴響著忿忿不平之鳴。

除了象徵身分的家徽，莎士比亞為家庭的貢獻還有財富。

根據流傳下來的文獻，包括法律文件與書信，近代學者為我們描繪出莎士比亞在家鄉的面貌：他是

個精明的投資者，1597年買了家鄉第二大的房子「新地」；1599年甚至違法囤積穀物。此外，借貸給友人、買地等行徑，在在都顯出他精明的生意頭腦。當1613年他選擇從劇場退休時，他在家鄉的投資絕對足以讓他安享晚年。

事實上，在他家鄉同胞的眼中，莎士比亞比較像是個因為劇場事業發了財的富有鎮民，而不是寫出動人文字的詩人與劇作家，因為當他離家遠行的時候，斯特拉特福的市政已經由親清教徒的人士把持。跟在倫敦的清教徒一樣，他們視戲劇為罪惡的淵藪，1602年時，允許劇團在鎮上表演的人甚至會被罰鍰。

換言之，莎士比亞童年時可以在鎮上看到巡迴劇團前來演出的好運，現在一去不復返了，他自己的孩子、家人與同鄉，恐怕沒有機會看過他的劇作。他們不認識倫敦的莎士比亞，一如我們不認識在家鄉的他。

鄉愁，撫慰與創作的靈感來源

　　能從詭譎多變的倫敦劇場與政治中全身而退，低調的莎士比亞一定步步為營（他從來沒坐過牢，也沒有被審查制度指控違法，更是自己選擇退休，而非迫於形勢或市場）。對家鄉的記憶，可能是他謹慎也緊張的生活中，很大的安慰。

　　約莫在刻劃哈姆雷特這位憂鬱多疑的丹麥王子之後，莎士比亞也完成了《皆大歡喜》。這個劇本除了第一幕在宮廷外，其他四幕都在亞登森林（the Forest of Arden）中。劇裡背景雖然在法國，但在真實生活中，亞登森林其實在莎士比亞的故鄉瓦立克郡，就在斯特拉特福的北方，他的母親瑪麗·亞登（Mary Arden）就是來自這個地區的家族。

　　雖然亞登森林在他出生前，就因為擴展農地與牧地的圈地運動（enclosure）而幾乎砍伐殆盡，但這裡仍是他童年出沒的地方，有他浸淫其中的鄉間自然（很多他作品中對於植物與農事的描述，用字與拼法都來自瓦立克郡的方言），也在這個舊教根深柢固的地區，熟悉了很多中世紀以來的傳說與故事。

跟拼寫Hamlet（哈姆雷特）時很難不想到Hamnet
（哈姆耐特）一樣，當筆下的場景是童年熟悉的地
方時，回憶帶來的安慰應足以為他帶來平靜，或是
撫平悲傷。

在《皆大歡喜》中有一個小插曲，或許不小心洩
漏了莎士比亞當初對安・海瑟威的回憶。

當來自宮廷的試金石熱烈追求一個住在亞登森林
的鄉下女孩奧德莉（Audrey）時，突然有個鄉下小
子闖來向她求婚，然後被試金石出言恐嚇，落荒而
逃。這個傻小子叫威廉（William）——他是我們大
詩人的化身嗎？在這個滑稽的場景裡，他在重現自
己18歲時對安・海瑟威癡迷的傻相嗎？這可能是一
個劇作家甜蜜的自嘲嗎？

身為一個父親

莎士比亞對安・海瑟威的愛意，這當然只是個捕
風捉影的猜測。但跟很多夫妻一樣，關愛的重心會
漸漸從彼此轉移到子女身上。

歷經喪子之痛後，在倫敦寫劇本的莎士比亞仍

然不能經常陪伴兩個女兒，也必定錯過了女兒的成長。他會更在意她們的未來嗎？

從《哈姆雷特》以後，我們看到他的筆下創造了許多或獨立聰慧，或具有美德的年輕女性：《皆大歡喜》中的羅撒琳（Rosalind）、《一報還一報》中的伊莎蓓拉（Isabella）、《終成眷屬》中的海倫娜（Helena）、《李爾王》中的考蒂莉亞（Cordelia），一直到《暴風雨》中的米蘭達（Miranda）。這些隨手拈來的例子，都反映了每個父親，包括莎士比亞在內，對女兒形象的期望。

但莎士比亞也非常明白，每個有女兒的父親會有的惡夢：《奧賽羅》中，一個女兒私奔了；《終成眷屬》中，父親剛過世，女兒就被未來的夫婿拋棄了；《李爾王》則是一個父親最可怕的夢魘，被錯愛的女兒們遺棄，摯愛女兒的身軀又冰冷地在自己懷中。或許，《暴風雨》中的父親最聰明，可以設計安排女兒與自己中意的人相愛——只是這個父親有魔法，其他父親沒有，包括莎士比亞。

1606年，由於前一年「火藥庫陰謀」（見〈莎士比亞不寫宮廷假面舞劇〉一章）對皇室帶來的恐

十八歲的莎士比亞在幹嘛?

What was Shakespeare doing at 18?

我們知道他曾經當過市長的父親,因為破產與被密告囤積羊毛,當時很不得志,換言之,莎士比亞正經歷家道中落的變故。他應該喜歡念書,至少喜歡文字,家庭的原因卻讓他無法念大學。家中製造手套的行業可能需要他,但跟許多這年紀的人一樣,總是不甘願綁在機械枯燥的家庭手工業中。精力旺盛、卻不知何去何從的他,愛情可能是人生中唯一的幸運。

懼，政府開始鎮壓境內的天主教徒，並頒布了一道法令，名為「發現與壓抑天主教異議分子法」（An Act for the Better Discovering and Repressing of Popish Recusants），後來簡稱為「忠貞誓言」（Oath of Allegiance）。

這道法令要求所有人都要領新教的聖餐禮（Communion），包括復活節在內，一年三次。從此，任何人拒絕領聖餐禮，就會被視為異議分子，第一年罰款20鎊，第二年40鎊，第三年後每年60鎊。除了罰錢，拒領聖餐的人還會受到監禁，並強迫宣示效忠國王，不再聽命羅馬教宗的命令，以防對英國不利。

這是一個逼人就範，也激化社會對立的愚蠢法令。但在這一年的復活節，在斯特拉特福有二十一個人因為拒領聖餐而列為異議分子，包括以他們的名字來命名龍鳳胎的哈姆耐特‧沙德樂與茱蒂絲‧沙德樂（Hamnet and Judith Sadler）夫婦，以及莎士比亞的長女蘇珊娜。

這個21歲的女生迄今單身，卻是家族中唯一拒領聖餐的人，她的母親、妹妹、祖母與叔叔們顯然都

無法說服她。

　　儘管最後根據法庭紀錄，蘇珊娜可能還是屈服了，但這個叛逆又倔強的女兒，是莎士比亞劇本的靈感來源嗎？還是聽了父親講述自己劇本的故事後，決定起而效尤？莎士比亞為女兒的堅持感到得意，還是為她的固執感到頭痛？我們不知道，但任何父親遇到這個狀況，很難沒有一番掙扎。

「第一好的床」在哪裡？

　　第二年，有些意外地，蘇珊娜與新教徒醫生約翰・霍爾（John Hall）結婚了。莎士比亞應該與這位女婿處得不錯，當他退休後，曾在1614年與這位女婿又短暫回到倫敦，住在自己於倫敦買的房子（耐人尋味的是，這棟房子一直被政府認定是天主教徒地下活動的中心）。

　　他顯然不能忘情劇場，與人又合寫了幾個劇本，但他這次可能真的體認到自己的時代過去了。然後，莎士比亞回家了。

　　1616年，莎士比亞去世前兩個月，小女兒茱蒂絲

結婚了，但他在遺囑上簽字的第二天，新女婿就被發現在外面有私生子，被法庭要求公開懺悔。這當然給莎士比亞一家帶來很大的難堪，但莎士比亞已經沒有太多精力與時間為此操煩了。4月23日，他離開人間，在家中。

儘管只留給安·海瑟威「第二好的床」，莎士比亞應該不用擔心妻子的生活，因為蘇珊娜與夫婿在他過世後就搬入「新地」，就近照顧母親。

史家從檔案裡找了不少文獻，希望證明這張「第二好的床」依然價值不斐，以證明莎士比亞對妻子並不小氣。不意外，迄今沒有讓人完全信服的答案。

如果我們記得莎士比亞是詩人，如果我們相信他的人生平凡一如你我，而非因為他是劇作家就充滿戲劇性，那我們或許會好奇另一個問題：「第一好的床」（the first best bed）是哪張？

如果不是一張床，而是馬廄中鋪著乾草的一角呢？或是任何一個18歲的少年與26歲的女子因為激情而歡愛，並懷上蘇珊娜的地方？這是只有安·海瑟威才懂的隱喻，來自他的詩人丈夫，提醒她一生

中愛情最濃摯時的回憶。

　　當然，無法求證了。但「第一好的床」，還有其他在研究莎士比亞時對我們引起的想像，卻是讓他的作品與世界可以鮮活的能量。

　　維根斯坦（Wittgenstein）說：「知識是基於承認。」（Knowledge is based on acknowledgement.）如果我們能承認莎士比亞做的事，以及他不做的事，那麼知識這玩意兒能帶給我們的意義，或者，味道，應該能更為醇厚。

附錄1：莎士比亞生平與大事記

年份	大事記	莎士比亞生平
1517	馬丁‧路德貼出「95點異議」	
1534	亨利八世通過「至尊法案」	
1547	愛德華六世即位	
1553	瑪麗王后即位	
1558	伊莉莎白一世即位	
1563		父親將家鄉行會禮拜堂牆上的「最後審判」壁畫抹去
1564		4月，出生於埃文河畔斯特拉特福
1567	英國第一座公共劇院「紅獅」建立	
1570	伊莉莎白女王遭羅馬教宗逐出教會	進入文法學校就讀

1576	倫敦市內禁止演戲下，「劇場」劇院於郊區肖迪奇建立	
1579	《希臘羅馬名人傳》在英國出版	
1582		11月，與安·海瑟威結婚
1583		5月，長女蘇珊娜出生
1585		2月，龍鳳胎哈姆耐特與茱蒂絲出生；1585-92「失落的年代」，之後離家投入戲劇界，來到倫敦
1588	英格蘭打敗西班牙無敵艦隊；馬丁·馬爾普雷特事件	
1589	《英國詩歌藝術》一書出版	
1592	2月，玫瑰劇院開幕	羅伯特·格林形容莎士比亞是「暴發戶烏鴉」
1593	倫敦瘟疫爆發，劇院關閉	詩集《維納斯與阿多尼斯》出版
1594		詩集《盧克莉絲失貞記》出版；加入「宮廷內務大臣」劇團，成為股東

1596	宮廷回收所有「不合時宜」的女王肖像	劇團因訴訟搬移到帷幕劇院演出;劇團購入黑僧侶劇院,卻因居民抗議而無法使用;8月,兒子哈姆耐特過世;10月,父親獲頒家徽
1597	諷刺文學(犬儒主義)在倫敦風行	在家鄉置產「新地」
1598		班·強生《人人都有脾性》演出,莎士比亞擔任主角;12月,「劇場」拆除,劇團搬家
1599	書業公會焚書與禁書;「劇場戰爭」開始;脾性喜劇、城市喜劇興起	環球劇院開幕,劇團進駐
1600		改寫完成《哈姆雷特》
1601		父親過世,繼承家族頭銜
1603	3月,伊莉莎白女王過世,詹姆士一世即位;5月,瘟疫爆發	莎士比亞的劇團成為「國王劇團」
1605	1月,《黑色假面舞劇》在宮廷演出;11月,「火藥庫陰謀」	

1606	政府頒布「忠貞誓言」	長女蘇珊娜拒絕接收聖餐禮
1607		蘇珊娜與醫生約翰·霍爾結婚
1609		劇團進駐黑僧侶劇院；《十四行詩》出版
1613		環球劇院於《亨利八世》演出中失火焚毀，隨即展開重建；退休
1614		環球劇院重新開幕；與女婿短暫回到倫敦
1616		2月，小女兒茱蒂絲結婚；3月，簽署三頁遺囑；4月23日，過世
1623		妻子安·海瑟威過世；「第一對開本」出版

附錄2：莎士比亞作品年表

◎1590-1593/4（加入「宮廷內務大臣」劇團之前）

《維洛那二紳士》（*The Two Gentlemen of Verona*）（1589-93）

《馴悍記》（*The Taming of the Shrew*）（1590-93）

《愛德華三世》（*King Edward III*）（與別人合寫）（1590-94）

《亨利六世第三部》（*Henry VI, Part III*）（1590-92）

《亨利六世第二部》（*Henry VI, Part II*）（1590-91）

《泰特斯‧安德洛尼克斯》（*Titus Andronicus*）（1590-91）

《亨利六世第一部》（*Henry VI, Part I*）（與別人合寫）（1591-92）

《理查三世》（*Richard III*）（1592-93）

《錯誤的喜劇》（*The Comedy of Errors*）（1592-94）

◎1594-1598/9（「劇場」劇院時期）

《愛的徒勞》（*Love's Labour's Lost*）（1593-95）

《羅密歐與茱麗葉》（*Romeo and Juliet*）（1594-95）

《仲夏夜之夢》（*A Midsummer Night's Dream*）（1594-95）

《理查二世》（*Richard II*）（1594-96）

《約翰王》（*King John*）（1594-96）

《威尼斯商人》（*The Merchant of Venice*）（1596-97）

《亨利四世第一部》（*Henry IV, Part I*）（1596-97）

《溫莎的風流娘兒們》（*The Merry Wives of Windsor*）（1597）

《亨利四世第二部》（*Henry IV, Part II*）（1597-98）

《無事生非》（*Much Ado About Nothing*）（1598-99）

◎1599-1603（「環球」劇院時期）

《亨利五世》（*Henry V*）（1599）

《凱撒大帝》（*Julius Caesar*）（1599）

《哈姆雷特》（*Hamlet*）（1600-01）

《皆大歡喜》（*As You Like It*）（1599-1602）

《第十二夜》（*The Twelfth Night* 或 *What You Will*）（1601-02）

《特洛伊羅斯與克瑞西達》（*Troilus and Cressida*）（1602-03）

◎1603/4-1616（成為「國王劇團」至退休）

《奧賽羅》（*Othello*）（1603-04）

《一報還一報》（或譯《量・度》）（*Measure for Measure*）（1604）

《終成眷屬》（*All's Well That Ends Well*）（1603-05）

《雅典的泰門》（*Timon of Athens*）（與湯瑪斯・密道頓合寫）
（1604-07）

《李爾王》（*King Lear*）（1605）

《馬克白》（*Macbeth*）（1606）

《安東尼與克利歐佩特拉》（*Antony and Cleopatra*）（1606-07）

《佩若克里斯》（*Pericles*）（與喬治・威爾金斯〔George Wilkins〕合寫）
（1608-09）

《科利奧藍納斯》（*Coriolanus*）（1608）

《冬天的故事》（*The Winter's Tale*）（1609-10）

《辛白林》（*Cymbeline*）（1610-11）

《暴風雨》（*The Tempest*）（1610-11）

《亨利八世》（*Henry VIII*）（與約翰・弗萊徹〔John Fletcher〕合寫）
（1613）

《兩位貴族親戚》（*Two Noble Kinsmen*）（與約翰・弗萊徹合寫）
（1613-15）

附錄3：推薦讀物

研究莎士比亞的資料實在太多，下面僅列出在寫作這本書的過程中，對我有幫助的資料，供有心的讀者可以進一步了解：

◎ 中文書目

‧Neil MacGregor（尼爾‧麥葛瑞格）著，黃中憲譯：《莎士比亞變動的世界》（臺北：網路與書出版，2014）。
它的英文本是：
‧MacGregor, N. (2012). *Shakespeare's restless world*. New York: Allen Lane.
這是由大英博物館館長撰寫的著作，配合當時文物，深入淺出。
如果想練一下英文聽力，BBC上面有每個單元的MP3檔案可以免費下載。

◎ 英文傳記

公認最詳實可靠的英文傳記，當屬這本：
‧Schoenbaum, S. (1977). *William Shakespeare: a compact documentary life*. New York: Oxford University Press.
另外，有著暢銷書的聲名，實則有化博為簡的內容，當屬這兩本哥倫比亞大學教授詹姆斯‧夏皮羅（James Shapiro）的著作：
‧Shapiro, J. S. (2005). *A year in the life of William Shakespeare, 1599*. New York: HarperCollins Publishers.
‧(2015). *1606: William Shakespeare and the year of Lear*.

◎ 早期英國戲劇的背景

· Dillon, J. (2006). *The Cambridge introduction to early English theatre*. New York: Cambridge University Press.
這也是一本化繁為簡的戲劇史著作,特別強調了中世紀戲劇的許多特質,如何延伸到莎士比亞時代(或者稱早期現代)的英國劇場。

◎ 演員與表演

的確,沒有白紙黑字的證據告訴我們當時的表演為何,但還是有很多間接證據供我們推測、想像當時的表演狀況。如果對這方面有興趣,這幾本著作很難迴避的:

· Astington, J. (2010). *Actors and acting in Shakespeare's time: the art of stage playing*. Cambridge University Press.
· Weimann, R., Higbee, H., & West, W. N. (2000). *Author's pen and actor's voice: playing and writing in Shakespeare's theatre*. New York: Cambridge University Press.
· Stern, T. (2009). *Documents of performance in early modern England*. New York: Cambridge University Press.

◎ 劇場運作與看戲文化

安德魯‧格爾(Andrew Gurr),這位英國雷丁大學(University of Reading)的榮譽教授,在這方面留下非常重要的貢獻:

· Gurr, A. (2004). *Playgoing in Shakespeare's London. Andrew Gurr (3rd ed. ed.)*. Cambridge: Cambridge University Press.
· Gurr, A. (2009). *The Shakespearean stage: 1574-1642 (4th ed. ed.)*. Cambridge: Cambridge University Press.

另外，晚近他對莎士比亞生涯晚期才逐漸興起的室內劇場，也與其他研究者做出了最新的貢獻：

· Gurr, A., & Karim-Cooper, F. (2014). *Moving Shakespeare indoors: performance and repertoire in the Jacobean playhouse*. Cambridge University Press.

將莎士比亞的職涯與劇團的運作放在一起看，則有助於我們理解他在當時劇壇做了哪些取捨，以及為何如此。這方面的論述，可以參考這本：

· Van Es, B. (2013). *Shakespeare in company*. Oxford: Oxford University Press.

◎ 版本研究

單一劇本的版本研究，在此不論。就版本的演化一窺莎士比亞那個時代劇作家寫作的慣性與工作模式，可參閱這本：

· Ioppolo, G. (2006). *Dramatists and their manuscripts in the age of Shakespeare, Jonson, Middleton and Heywood: authorship, authority and the playhouse*. New York: Routledge.

另外，就版本，特別是台詞本與演員工作的狀況，可以參考牛津大學教授蒂芙妮·斯特恩（Tiffany Stern）的著作：

· Palfrey, S., & Stern, T. (2007). *Shakespeare in parts*. New York: Oxford University Press.

· Stern, T. (2007). *Rehearsal from Shakespeare to Sheridan*. New York: Oxford University Press.

◎ 通論性的手冊或指南

這方面的著作也很多，但讓我受益匪淺的則是下面幾本：

· Kinney, A. F. (2002). *A companion to Renaissance drama*. Malden, MA: Blackwell Publishers.

· Kinney, A. F. (2011). *The Oxford Handbook of Shakespeare*. OUP Oxford.

· De Grazia, M. (2001). *The Cambridge Companion to Shakespeare*. Cambridge University Press.

◎ 宗教改革與莎士比亞

這方面的著作當然更多不勝數,而這本書是我讀起來特別有感的:

· Greenblatt, S. (2001). *Hamlet in purgatory*. Princeton, N.J.: Princeton University Press.

作者葛林布萊(Stephen Greenblatt)是哈佛大學教授,新歷史主義這個學派的奠基者。他的許多著作備受爭議,被批評像是小說。這本討論「煉獄」、宗教改革與《哈姆雷特》的著作,史料豐富,分析精闢,是特別能凸顯宗教與莎劇關連的一本書。

◎ 紀錄片

這兩套紀錄片讓我們對莎士比亞的時代、生平有一個理解的輪廓,並能在視覺上有所想像:

· BBC紀錄片 *In search of Shakespeare* by Michael Wood

麥可・伍德(Michael Wood)是英國知名的歷史學者,拍過許多探討歷史的紀錄片。這部紀錄片的主軸也是宗教改革,但不失為入門者的好選擇。

· BBC紀錄片 *The King and the Playwright* by James Shapiro

詹姆斯・夏皮羅是暢銷書作家,也拍了紀錄片。這部紀錄片特別著重1603年以後的莎士比亞,對他的晚期職業生涯可以有進一步理解。

誌謝

這本書的完成有點意外。本來，只是為了洽談《如何教你的孩子莎士比亞》（*How to Teach Your Children Shakespeare*）這本書的翻譯與出版，我走進了遠流，然後，像馬克白遇上女巫一樣，出來時，我竟然答應要幫遠流寫一本書。說實話，那天到底發生了什麼事，我迄今還是有點迷迷糊糊的。

直到看見排版的書稿，我才驚覺這本書的完成有多麼不容易。遠流的編輯群們在過程中不但給了我很寶貴的意見，他們為這本書的成形付出的努力讓我驚訝不已。謝謝江雯婷小姐、廖宏霖先生，在初稿時給我的意見，還有在校對與行銷上的費心。鄭祥琳小姐是我最早與遠流的接觸，也是這本書最後的責任主編，她灌注在本書的心血，讓一位作者感到非常幸運。另外，師大的蔡亞臻小姐在確定引文出處也幫了我很大的忙，在此一併致謝。

最後，總編輯曾文娟小姐，也就是那天的女巫，在催生這本書的過程中給我的鼓勵與建議，讓她的可愛抹除了可怕。如果任何人覺得這本書的出現有一些價值，她厥功至偉。

莎士比亞不做的事／何一梵著. –初版. --臺北
市：遠流, 2016.06
　　面； 公分. --（綠蠹魚叢書；YLK96）
ISBN 978-957-32-7836-8（平裝）
1.莎士比亞（Shakespeare, William, 1564-1616）
2.傳記 3.通俗作品
784.18　　　　　　　　　105007986

綠蠹魚叢書YLK96

莎士比亞不做的事

作者：何一梵
出版四部總編輯暨總監：曾文娟
資深主編：鄭祥琳
編輯：江雯婷
編輯協力：廖宏霖
企劃：王紀友、廖宏霖
美術設計：林秦華

發行人：王榮文
出版發行：遠流出版事業股份有限公司
地址：臺北市南昌路二段81號6樓
電話：（02）2392-6899　傳真：（02）2392-6658
郵撥：0189456-1

著作權顧問：蕭雄淋律師
2016年6月1日　初版一刷
定價：新台幣320元（缺頁或破損的書·請寄回更換）
有著作權·侵害必究 Printed in Taiwan
ISBN　978-957-32-7836-8

yib-遠流博識網
http://www.ylib.com　E-mail: ylib@ylib.com